Advent und Weihnachten

zwischen

Elbe und Weser

Advent und Weihnachten

zwischen Elbe und Weser

*Ein Begleiter durch die Advents- und Weihnachtszeit
mit besinnlichen Texten, Geschichten, vielen
Informationen, Rezepten und Dekorationstipps.*

Inhaltsverzeichnis

Die Geschichten im Buch

Die Rezepte im Buch

Ein Weihnachtsbuch für die ganze Familie

Die Advents- und Weihnachtszeit ist eine besinnliche und freudige zugleich: Christus ist geboren. Viele Menschen feiern das am Heiligen Abend. Dieses Weihnachtsbuch ist bewusst christlich-religiös geprägt. Wer sollte da als Mitherausgeberin und Partnerin geeigneter sein als die Kirche. So haben Pastorinnen zwischen Elbe und Weser sowie die Hannoveraner Landesbischöfin Dr. Margot Käßmann Nachdenkenswertes aufgeschrieben. Die Pastorin und Öffentlichkeitsbeauftragte im Sprengel Stade, Sonja Domröse, hat Wissenswertes zur Weihnachtszeit und zu den Kirchen der Region zusammengetragen.

Apropos Wissenswertes: In Reportagen und Beiträgen zu Einrichtungen im Elbe-Weser-Gebiet sind interessante Entdeckungen zu machen – etwa zum Christkind-Postamt in Himmelpforten, zu einem Krippenfigurenhersteller, bei dem die Figuren mit der Hand geschnitzt werden, oder darüber, wie in der Seemannsmission Weihnachten gefeiert wird. Wie schon beim Buch Landleben, das im MCE Verlag erschienen ist, steuern die Landfrauen weihnachtliche Rezepte bei und geben Tipps für weihnachtliche Dekorationen.

Dieses Weihnachtsbuch ist ein Familienbuch, bei dem auch Geschichten nicht fehlen. Ob so bekannte Weihnachtskurzgeschichten wie *Eine Art Bescherung* von Siegfried Lenz oder Plattdeutsches des Stader Autoren Hans-Peter Fitschen – für die ganze Familie ist sicher etwas Lesenswertes dabei. Selbst die ganz Kleinen werden auf ihre Kosten kommen, wenn die Lamstedter Kinderbuchautorin und Illustratorin Ursula Kirchberg ihre reich bebilderte Adventsgeschichte erzählt.

Adventswochen prägen auch den Aufbau dieses außergewöhnlichen Weihnachtsbuches: Es ist strukturiert in sechs Hauptkapitel mit den vier Adventswochen sowie der Weihnachts- und Neujahrswoche bis zu den Heiligen Drei Königen. Es handelt sich bei diesem Buch um einen Begleiter durch die Advents- und Weihnachtszeit, der bei regelmäßiger Lektüre fast wie ein Adventskalender genutzt werden kann. Wer aber lieber gezielt bestimmte Geschichten, Texte oder Rezepte sucht, wird schnell, ohne langes Blättern fündig, wenn er in das Inhaltsverzeichnis schaut.

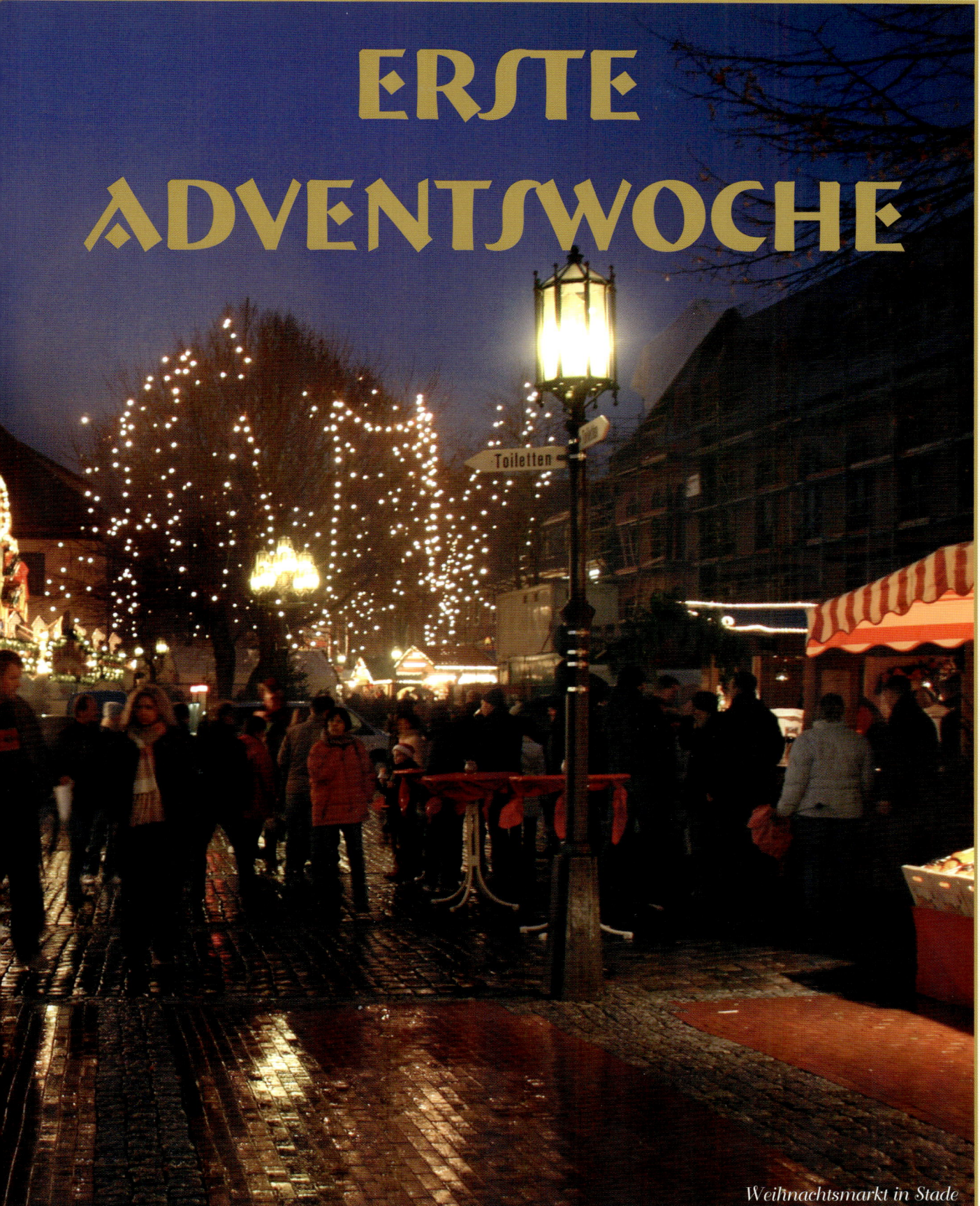

ERSTE ADVENTSWOCHE

Weihnachtsmarkt in Stade

Zeit der Stille und des Nachdenkens

Gedanken zur Bedeutung und zum Ursprung der Adventszeit

Wie soll ich dich empfangen und wie begegn ich dir?" Diese Frage stellte sich vor 400 Jahren Paul Gerhardt in seinem Adventslied. Und er machte damit deutlich, worum es in diesen vier Wochen vor Weihnachten geht: Denn das lateinische Advent ins deutsche übersetzt heißt „Ankunft". Gott kommt auf die Erde, und Christinnen und Christen bereiten sich darauf vor. Gewartet wird dabei auf zweierlei: Auf das Weihnachtsfest mit seiner Erinnerung an die Geburt Jesu im Stall zu Bethlehem, aber eben auch darauf, dass Jesus am Ende der Zeiten wiederkommen wird. Am Jüngsten Tag wird er eine Welt schaffen, in der es kein Leid und keine Tränen mehr geben wird.

Elbdeich auf Krautsand

So ist die Zeit vor Weihnachten von ihrer Bedeutung her eher eine stille Zeit. Das Nachdenken über das eigene Leben, das zur Ruhe-Kommen, Fasten, Beten und Gutes für andere tun, dies alles soll im Advent im Mittelpunkt stehen. In den vergangenen Jahren ist bei vielen Menschen die Sehnsucht nach solch einem „anderen Advent" jenseits der vollen

Terminkalender und der hektischen Weihnachtseinkäufe gewachsen. Besonders die Kirchen wehren sich gegen verfrühten Weihnachtsrummel lange vor der Adventszeit. Die Öffnung von Geschäften an den Adventssonntagen stößt bei ihnen auf Protest, aber auch der Verkauf von Lebkuchen schon am Ende der Sommerferien. Mit ihrer Aktion „Advent ist im Dezember" (www.advent-ist-im-dezember.de) versuchen sie für eine neue Kultur der Vorfreude zu werben.

Advent und Weihnachten wurden als christliche Jahresfeste erst im 4. Jahrhundert eingeführt. Adventskranz und -kalender sind noch jünger. Der Hamburger Theologe Johann Hinrich Wichern ließ 1839 in dem von ihm gegründeten „Rauhen Haus", einem Heim für verwahrloste Kinder und Jugendliche, den ersten Adventskranz aufhängen. Ein großes Wagenrad mit kleinen Kerzen für jeden Wochentag und vier großen für die Sonntage war es damals noch. Für den Hausgebrauch ist daraus dann unser kleiner Tannenkranz mit den vier Lichtern geworden. Adventskalender wurden erstmals vor etwa 100 Jahren in größerer Auflage in München produziert.

Selbst wenn manche Lichtdekoration heute oft die Kitschgrenze überschreitet, so erzählt wohl auch sie vom Traum einer anderen Welt. Viele Adventslieder machen deutlich, dass dieser Traum sich nicht in einer beschaulichen Stimmung erschöpft. Wie sein Zeitgenosse Paul Gerhardt schrieb Friedrich Spee sein Adventslied „O Heiland, reiß die Himmel auf" unter dem Eindruck des Dreißigjährigen Krieges und der Hexenprozesse. In seinem Lied benennt er seine Sehnsucht: „Wo bleibst du, Trost der ganzen Welt, darauf sie all ihr Hoffnung stellt? O komm, ach komm vom höchsten Saal, komm tröst uns hier im Jammertal."
(S. D.)

Kirschzweig blüht für eine starke Frau

Gedanken zum Barbaratag am 4. Dezember

Sie war eine widerständige und mutige Frau, jene Barbara, an die dieser Tag erinnert. Als Tochter eines reichen Kaufmanns im 3. Jahrhundert nach Christus geboren, hatte ihr Vater eigentlich schon alles für sie vorherbestimmt: Heirat mit einem reichen Mann, bis dahin ein stilles und abgeschiedenes Leben, damit die Tochter nicht auf dumme Gedanken kommt. Aber Barbara, deren Name übersetzt so viel wie „die Fremde, die Wilde, die Andere" bedeutet, wollte sich dem nicht fügen. Schon gar nicht dem Verbot des Vaters sich den Christinnen und Christen zu nähern, deren frohe Botschaft von der Liebe Gottes, die allen Menschen gilt, sie ungeheuer anziehend fand. So ließ sie sich taufen, auch gegen das väter-

liche Verbot. Der tobte, als er davon erfuhr, ließ sie verprügeln und foltern. Schließlich wurde sie sogar zum Tode verurteilt, denn sie lebte zur Zeit der Christenverfolgungen. Es war Winter, so die Legende, als sich auf ihrem Weg ins Gefängnis ein abgebrochener Kirschzweig in ihrem Kleid verfing. Barbara nahm diesen Zweig mit in den Kerker und stellte ihn in einen Becher. Von dem Wasser, das man ihr zu trinken gab, wässerte sie den Zweig. Am Tag ihrer Hinrichtung geschah etwas Sonderbares: Der Kirschzweig begann zu blühen, mitten im Winter.

Als Barbara aus ihrer Zelle geführt wurde, schaute sie den blühenden Zweig an und sagte: „Es schien mir, als ob du tot warst. Aber nun bist du aufgeblüht zu neuem Leben. So wird es auch mit mir geschehen. Wenn ich sterbe, werde ich verwandelt zu neuem blühendem Leben."

Seit dieser Zeit schneiden Menschen mitten im Winter am 4. Dezember Kirsch- oder Forsythienzweige im winterlichen Garten und stellen sie in eine Vase. Damit sie an Weihnachten blühen und so zum Symbol werden für den Sieg des Lebens über alle Mächte des Todes. (S. D.)

Der kinderfreundliche Bischof

Am 6. Dezember erinnert der Nikolaustag an den heiligen Mann

Blitzblanke Stiefel und rote Mützen, das ist für viele gleichbedeutend mit Nikolaus. Und so putzen Kinder zumindest einmal im Jahr richtig gerne ihre Schuhe. Denn der 6. Dezember ist vor allem ihr Tag. Und das schon seit vielen Jahrhunderten. Der Grund dafür: Bischof Nikolaus soll gerade Kindern besonders geholfen haben.

Der Nikolaustag geht auf Nikolaus von Myra (um 300 n. Chr.) zurück. Da er Bischof war, gehörte zu seiner Amtstracht ein Stab und eine Mitra, die Bischofsmütze. Viele Legenden ranken sich um seine Person. So soll er in seiner Heimatstadt, einem kleinen Ort in der heutigen Türkei, eine Hungersnot verhindert haben. Er sorgte dafür, dass Getreideschiffe mit der rettenden Nahrung den Hafen anliefen und alles unter den Einwohnern geteilt wurde. Die verbreitete Verehrung des Nikolaus als Kinderfreund knüpft an die Sage an, dass er drei armen Mädchen Geld schenkte, so dass sie heiraten konnten.

Was gehört heute in den Nikolaus-Stiefel? „Das, was wirklich in einen Stiefel hineinpasst!", meint Elke Alsago. Die Fachberaterin für evangelische Kindertagesstätten im Kirchenkreis Stade und selber Mutter zweier Söhne plädiert neben Süßigkeiten für allenfalls kleine Geschenke. „Nikolaus sollte kein vorgezogenes Weihnachtsfest mit Fahrrad, Computer oder Fernseher neben dem Schuh werden." Dieser Meinung ist auch Uwe Santjer, Familienvater und Fachberater für Kindertagesstätten in Cuxhaven. „Äpfel, Nüsse, Bonbons und etwas Selbstgemachtes, das finde ich prima für Nikolaus", sagt er. „Wir Erwachsenen entscheiden doch über das Konsumverhalten unserer Kinder. Wunschzettel zum Nikolaustag, das geht für mich nicht."

Die Verehrung des Heiligen Nikolaus ist im 6. Jahrhundert schon im Osten, ab dem 9. Jahrhundert dann auch im Westen nachweisbar. In Deutschland ist sie seit dem 11. Jahrhundert bezeugt. Nikolaus gilt als Schutzheiliger der Schiffer, weshalb gerade im Elbe-Weser-Raum viele Kirchen nach ihm benannt sind. Aber auch als Beschützer der Kaufleute, Bäcker und Schüler wurde er verehrt. Seit Beginn des 16. Jahrhunderts gibt es den Brauch, für die Kinder Schuhe vor die Haustür zu stellen, in die der Nikolaus nachts seine Geschenke hineinlegt.

In manchen Orten werden am Nikolaustag „Kinderbischöfe" gewählt, die für eine bestimmte Zeit im Amt sind. Sie gehen zu Gemeindeversammlungen oder Stadtratssitzungen und sorgen dafür, dass die Stimme der Kinder gehört wird. In einer Predigt heißt es: „Wir Kinderbischöfe können nicht alle Wünsche erfüllen. Wir können sie nur vortragen. Alle müssen uns dabei helfen, dass sie wahr werden. Wir brauchen viele, die den Nikolaus unterstützen." (S. D.)

Macht hoch die Tür

1. Macht hoch die Tür, die Tor macht weit; es kommt der Herr der Herr-lich-keit,
ein Kö-nig al-ler Kö-nig-reich, ein Hei-land al-ler Welt zu-gleich,
der Heil und Le-ben mit sich bringt; der-hal-ben jauchzt, mit Freu-den singt:
Ge-lo-bet sei mein Gott, mein Schöp-fer reich von Rat.

2. Er ist gerecht, ein Helfer wert,
Sanftmütigkeit ist sein Gefährt,
Sein Königskron' ist Heiligkeit,
Sein Zepter ist Barmherzigkeit.
All unsre Not zum End' er bringt.
Derhalben jauchzt, mit Freuden singt:
Gelobet sei mein Gott,
Mein Heiland, groß von Tat!

3. O wohl dem Land, o wohl der Stadt,
So diesen König bei sich hat!
Wohl allen Herzen insgemein,
Da dieser König ziehet ein!
Er ist die rechte Freudensonn',
Bringt mit sich lauter Freud' und Wonn'.
Gelobet sei mein Gott,
Mein Tröster, früh und spat!

4. Macht hoch die Tür, die Tor' macht weit,
Eu'r Herz zum Tempel zubereit't,
Die Zweiglein der Gottseligkeit
Steckt auf mit Andacht, Lust und Freud'!
So kommt der König auch zu euch,
Ja Heil und Leben mit zugleich.
Gelobet sei mein Gott,
Voll Rat, voll Tat, voll Gnad'!

5. Komm, o mein Heiland Jesu Christ,
Mein's Herzens Tür dir offen ist!
Ach zeuch mit deiner Gnade ein,
Dein Freundlichkeit auch uns erschein.
Dein Heil'ger Geist uns führ' und leit'
Den Weg zur ew'gen Seligkeit!
Dem Namen dein, o Herr,
Sei ewig Preis und Ehr'!

Den Mann am Kreuz nicht vergessen

Sechs Kerzen leuchten auf dem Adventskranz. So ist es zumindest in Amerika. Zwei Gemeinden in Kalifornien feiern sechs Adventssonntage und haben einen Kranz mit sechs Kerzen entworfen. Drei Blaue für den Advent, drei Weiße für die Weihnachtszeit. Sie verlängern damit die Vorweihnachtszeit, um den Menschen die Botschaft von der Ankunft Christi dann zu predigen, wenn sie noch ausreichend Ruhe und Zeit haben zuzuhören.
Ich frage mich allerdings, ob uns zwei Adventssonntage mehr wirklich weiter bringen. Ich glaube nicht, dass wir mehr Zeit brauchen, um die Botschaft des Advents aufzunehmen, sondern dass wir oft gar nicht mehr wissen, was die Botschaft des Advents eigentlich ist. Wir haben nicht das Warten verlernt, sondern wissen nicht mehr, worauf wir warten sollen. Es geht um mehr, als um ein Kind in der Krippe. Die alten Adventstexte der Bibel erzählen vom erwachsenen Jesus, der einen neuen Himmel und eine neue Erde verheißt. Sie sprechen vom Ende der Welt und rufen zur Buße. Unerwartete Texte im Advent und dennoch voller Kraft. Der erste Advent steht dabei unter dem Evangelium vom Einzug Jesu in Jerusalem. Jesus zieht als König auf einem Eselsfüllen in Jerusalem ein. Mit königlicher Würde, aber ohne Soldaten und Waffen. Er macht sich angreifbar. Jetzt schreien die Menschenmassen Hosianna, dem Sohn Davids, doch schon bald werden sie ihn ans Kreuz wünschen. Diese Adventstexte mahnen uns, an Weihnachten über dem holden Knaben im lockigen Haar den Mann am Kreuz nicht zu vergessen. Weihnachten, Karfreitag und Ostern gehören zusammen. Ob wir für diese Rückbesinnung auf alte Adventstexte wirklich sechs Adventssonntage brauchen? Ich denke nicht. Wir können allerdings von diesen amerikanischen Gemeinden lernen, dass es Sinn macht – zumindest gedanklich – in der Adventszeit auf etwas Abstand vom Weihnachtsrummel zu gehen. Dann können wir im Kind in der Krippe Christus erkennen.

Pastorin Ute von Stuckrad-Barre

Kirchengemeinde Beverstedt

Sonja Domröse

Pilgern und die Freiheit des Augenblicks

Auf den Spuren der Pilgerwege zwischen Elbe und Weser

Ich bin dann mal weg" – so lautet das Motto des Millionenbestsellers von Entertainer Hape Kerkeling. Schon seit längerer Zeit entdecken immer mehr Menschen, welche Ruhe und Kraft, ja: welche Selbsterkenntnis im Pilgern liegen kann. Sie machen

ger ein in eine Tradition, in einen Strom. Jerusalem, Rom und Santiago de Compostela in Nordspanien: Dies waren die drei Hauptziele der Pilger im Mittelalter. Ein weites Netz von Pilgerwegen spann sich zu dieser Zeit quer durch Europa.

und das christliche Verständnis des Lebens hin. „Man muss wie Pilger wandeln, frei, bloß und wahrlich leer; viel sammeln, halten, handeln macht unsern Gang nur schwer. Wer will, der trag sich tot; wir reisen abgeschieden, mit wenigem zufrieden; wir brauchen's nur zur Not." So hat es Gerhard Tersteegen gedichtet, noch heute zu finden im Evangelischen Gesangbuch (EG 393, Strophe 4).

Sich auf die Pilgerschaft zu begeben bedeutet auch immer sich auf eine Reduktion, eine Komprimierung des Lebens einzulassen. Weniger ist mehr - das gilt nicht nur für den Rucksack. Angesichts von exzessivem Konsum und Wohlstandsüberfluss bekommt das Pilgern - ähnlich wie das Fasten, das sich ebenfalls wachsender Beliebtheit erfreut – im wahrsten Sinne des Wortes etwas Wegweisendes. Die Freiheit des Augenblicks zählt. Das hat auch Ingeborg Helms, Mitgestalterin des Jakobsweges zwischen Itzehoe und Bremen, erlebt. „In den ersten Tagen habe ich die Natur genossen, jeden Vogel, den ich gesehen habe, jede Blume", so die Stader Architektin, die sich im Ruhestand den Wunsch erfüllte nach Santiago de Compostela zu pilgern. Das war 2003. Mittlerweile folgt sie den Spuren der

sich auf den Weg, nur mit dem Nötigsten im Gepäck.

Viele erfahren dabei: Pilgern ist mehr als Wandern, denn es ist gleichsam ein „Beten mit den Füßen", eine spirituelle Erfahrung. Pilgerwege folgen alten Routen, auf denen bereits jahrhundertelang Menschen zu Fuß unterwegs gewesen sind. So reihen sich Pil-

Damals wie heute bewegt Viele die geistliche Dimension. Denn Pilgern ist zum einen ein ganz natürliches Geschehen: Der Mensch bewegt sich in dem ihm angemessenen Tempo. Eine Erfahrung, die gerade in Zeiten von stetiger Beschleunigung ein wahrer Luxus ist. Zum anderen weist das Pilgern auf die biblische Tradition

Jakobus der Ältere

Jakobswege in Deutschland, forscht nach Quellen zu alten Routen und plant bereits die Ausweisung einer Jakobsroute im Landkreis Cuxhaven, die in wenigen Jahren von Geversdorf aus bis zur Elbmündung führen soll (www.jakobswege-norddeutschland.de).

Zwischen Elbe und Weser finden sich aber nicht nur alte Pilgerrouten, sondern auch mittelalterliche Wallfahrtsorte, zu denen Menschen pilgerten. So wie die Kapelle in St. Joost, gelegen zwischen Odisheim und dem Stinstedter Ortsteil St. Joost. Eine vor kurzem errichtete „grüne Kapelle" lädt zu Ruhe und Einkehr ein. Sie weist darauf hin, dass vor mehr als 600 Jahren Gläubige selbst aus Lübeck und Köln zur Kapelle ins Moor pilgerten, um dort Heilung und Segen zu erbitten.

Dem Pilgern selber stand er kritisch gegenüber, weil es zu seiner Zeit aufs engste mit dem Gedanken des Ablas-

ses verbunden war. Und doch hat der Reformator Martin Luther treffende Worte für das Glaubensverständnis des Lebens als einem Pilgerweg gefunden.

„Das Leben ist nicht ein Frommsein, sondern ein Frommwerden, nicht eine Gesundheit, sondern ein Gesundwerden, nicht ein Sein, sondern ein Werden, nicht eine Ruhe, sondern eine Übung.

Wir sind's noch nicht, wir werden's aber. Es ist noch nicht getan oder geschehen, es ist aber im Gang und im Schwang. Es ist nicht das Ende, es ist aber der Weg. Es glüht und glänzt noch nicht alles, es reinigt sich aber alles."

Der Weg als Ziel, der Glaube nicht als etwas Statisches begriffen, sondern als Übung und Werden. So verstehen es auch heute Menschen, die pilgern und sich auf den Weg machen nach Quellen von Kraft, Leben und Sinn.

Jakobsrouten in Norddeutschland

Pilgerkirche in Heeslingen

Internetadressen:

www.jakobus-info.de

www.deutsche-jakobus-gesellschaft.de

www.pilgerprojekt.de
(Pilgerweg Loccum – Volkenroda)

www.elisabethpfad.de
(Von der Wartburg nach Marburg)

www.moenchsweg.de
(Radpilgern im Norden auf den Spuren der Christianisierung)

Peter von Allwörden

Jedes Stück ist ein Unikat

Krippenfiguren von Lotte Sievers-Hahn sind begehrte Sammler-Objekte

Das ist alles Handarbeit pur", stellt Gerd Sievers fest. Und er ist ein wenig stolz darauf, dass er die Tradition des 1929 von seiner Mutter Lotte gegründeten Unternehmens fortsetzt. Lotte Sievers-Hahn ist nicht nur der Name der Firma selbst, sondern ein eingetragenes Markenzeichen, das für Hand geschnitzte und Hand bemalte Holzfiguren, insbesondere Krippenfiguren, sowie Holzspielzeug steht. Unter Sammlern sind die edlen Stücke bekannt.

Aber der Reihe nach: 1929 – Lotte Hahn war gerade einmal 21 Jahre alt – machte sich die junge Frau selbstständig. Sie hatte zuvor im Erzgebirge eine Kunsthandwerker- und Schnitzerschule besucht. Mit einem Mini-Sortiment – darunter war auch eine kleine Krippe mit den Grundfiguren nach einem Bild ihres Vaters Emil – ging sie los und versuchte Kunden zu finden. Einer dieser Besuche führte sie auch in das große und traditionsreiche Hamburger Spielwarengeschäft „Kinderparadies". Der damalige Chef empfing die couragierte junge Frau und kaufte ihr etwas ab. „Diese Geschäftsbeziehung hält bis heute", erzählt

Sohn Gerd, der, Jahrgang 1941, nach dem tragischen Tod seines Sohnes und Nachfolgers wieder voll in das Geschäft eingestiegen ist.

Gerd Sievers ist noch heute voller Bewunderung und Anerkennung für seine Mutter. Die meisten Entwürfe der Figuren auch aus dem heutigen Sortiment stammen noch von ihr. Auch habe sie den Geist des Unternehmens geprägt. So gab es etwa zu Zeiten, in denen Männer wie selbstverständlich für die gleiche Arbeit besser bezahlt wurden als Frauen, in dem Unternehmen im ländlichen Brockel im Landkreis Rotenburg an der Wümme schon gleiches Geld für Frauen und Männer. Abgerechnet wird übrigens immer schon nach dem Stücklohn-Prinzip.

Zunächst einmal wurde die Firmengründung von Lotte Sievers-Hahn eher als Hobby einer für damalige Verhältnisse emanzipierten jungen Frau angesehen. Ihr Mann Theo Sievers kam aus einer wohlhabenden Kaufmannsfamilie aus Brockel und ermöglichte ihr mit seinem im Landhandel verdienten Geld den Aufbau der Firma, die immerhin schon mit vier Mitarbeitern gestartet war. Das Unternehmen entwickelte sich rasch und war Jahrzehnte später der Haupterwerb. 1961 wurde der Landhandel aufgegeben, und es wurden nur noch aus Holz geschnitzte Krippen und Holzspielsachen hergestellt. Zu Bestzeiten waren 75 Mitarbeiter in den Brockeler Werkstätten beschäftigt.

Heute sind die Fabrikationsräume weitgehend leer. Nur noch ein kleines Team schnitzt und malt in Brockel. Das aber nicht, weil die Produkte nicht nachgefragt werden – nach wie vor sind die Figuren mit dem Siegel „Werkstatt Lotte Sievers-Hahn" ein begehrtes Sammlerobjekt –, sondern weil mittlerweile überwiegend in der Slowakei produziert wird. In Zilina hat Gerd Sievers einen eigenständigen Betrieb aufgebaut. Zwei Gründe zwangen ihn zu diesem Schritt: Zum einen der Mangel an geeigneten Mitarbeitern in und rund um Brockel, die bei Sievers-Hahn immer selbst angelernt wurden, zum anderen die hohen Lohnkosten in Deutschland.

„Wir konnten einfach keine Schnitzer mehr finden." In der Slowakei dagegen ist das ein richtiger Ausbildungsberuf. In Zilina gibt es ein Ausbildungszentrum für dieses klassische Kunsthandwerk. Gerd Sievers rekrutiert dort den notwendigen Nachwuchs. Eine junge slowakische Betriebswirtin führt dort mit ihm gemeinsam die Geschäfte. Gerd Sievers selbst fährt regelmäßig in die Slowakei in seinen Betrieb. 40 Menschen arbeiten dort für ihn. Hinzu kommen 15 Zulieferer und diverse Heimarbeiter und -arbeiterinnen.

Gerd Sievers bietet seine Produkte in einem 32 Seiten umfassenden Katalog an. Jährlich kommen etwa fünf bis acht neue Figuren dazu. Die Sammler warten schon darauf. Geprägt ist der rustikale, sehr urtümliche Schnitzstil vom Kunsthandwerk des Erzgebirges, in dem seine Mutter ausgebildet worden ist. In ihrer Schlichtheit sind die Krippen von einer Zeitlosigkeit, die alle Modetrends überdauert. Sie unterscheiden sich von den reich verzierten bayerischen Schnitzereien und Krippenfiguren.

Die Krippen,

die es seit einigen Jahren auch im orientalischen Stil gibt, sind nach wie vor das Hauptgeschäft bei Sievers-Hahn. Etwa 70 Prozent des Umsatzes werden hier erwirtschaftet. 30 Prozent entfallen auf die übrigen Figuren wie Osterhasen, Märchenfiguren oder diverse Tiere und die Spielsachen. Hier sind es insbesondere die Kasperle-Figuren, mit denen sich Sievers-Hahn am Markt der hochwertigen Holzspielzeuge etabliert hat. Als Gerd Sievers, der eigentlich Architektur studiert hat, 1971 in den Betrieb eintrat, war das Verhältnis übrigens noch umgekehrt.

Neue Ideen kommen immer wieder hinzu: So plant Gerd Sievers momentan Holz-Reliefs zu Märchenthemen oder zu Symbolen (etwa Gebäude oder Wappen) von Städten. Auch Sonderserien in kleiner Stückzahl werden aufgelegt. So etwa 30 bis 75 Zentimeter große Krippenfi-

guren für Kirchen.
Für ein nobles Hamburger Seniorenstift wurde eine Krippe geschnitzt, die etwa 8000 Euro gekostet hat.

Einen treuen Stamm von rund 800 Geschäften in Deutschland beliefert das Brockeler Unternehmen. Es handelt sich überwiegend um Kunstgewerbegeschäfte und Spielwarenläden. Von Brockel aus laufen übrigens Versand und Vertrieb für das ganze Unternehmen. Etwa 80 Prozent des Umsatzes macht Gerd Sievers in Deutschland. Seine Figuren sind aber auch in ganz Europa und sogar in den USA, Japan und Südafrika erhältlich. Immer wieder hatte die Brockeler Holzschnitz- und Spielzeugwerkstatt mit den Kopien ihrer hochwertigen Schnitzereien aus Billiglohnländern zu kämpfen. Immer wieder haben Gerd Sievers und früher auch seine Mutter diesen Kampf aufgenommen und auch gegenüber großen Filialisten gewonnen. Letztlich weiß der Kunde und Sammler aber, was er mit einer echten Lotte-Sievers-Hahn-Figur gekauft hat: Handarbeit in höchster kunsthandwerklicher Qualität, bei der jedes Stück letztlich ein Unikat ist.

Wie aus Linden kleine Figuren werden

Mehrere Schritte sind bei der Produktion der kleinen Holzfiguren zu beachten. Am Anfang steht das Holz. Ausschließlich Lindenholz wird verwendet. Linde hat eine sehr gleichmäßige Struktur und ist gleichzeitig weich und gut mit dem Messer zu bearbeiten. In Lagerhallen wird der Jahresbedarf von etwa 80 bis 100 Festmetern Lindenholz gelagert und mindestens zwei bis drei Jahre getrocknet. Die trockenen Lindenbretter werden nun in kleine Holzstärken gehobelt. Darauf werden dann mit Schablonen die Figuren so umzeichnet, dass möglichst wenig Abfälle entstehen. Die ausgesägten Figur-Rohlinge gehen dann in die Schnitzerei. Hier werden nun aus den Hölzern Figuren per Hand geschnitzt. Für jede Figur gibt es ein Muster, das nachgeschnitzt wird. Dennoch hat jede Figur eine individuelle Note, ist ein Unikat. Firmenchef Gerd Sievers (Foto) kann erkennen, welcher Mitarbeiter die Figuren geschnitzt hat. Die Schnitzer haben sich auf einige Figuren spezialisiert. So hat eine längst pensionierte Mitarbeiterin über 40 Jahre lang nur Rehe und Kitze geschnitzt. Die fertig geschnitzten Figuren werden danach bemalt und bekommen so den letzten Schliff. Auch das erfolgt in Handarbeit, sogar die Farben werden individuell angemischt. Einige Figuren wie Osterhasen oder die Kasperle-Köpfe bekommen anschließend in der Näherei ein passendes Kleid angepasst. Auch hier wird alles in Handarbeit produziert.

Rund eine Stunde Produktionszeit hat etwa eine mittelschwierige Figur wie einer der Drei Heiligen Könige. Rund zehn Minuten dauert die Vorbereitung mit Schablonenzeichnung und Aussägen, 30 Minuten das Schnitzen und 25 Minuten das Bemalen. Für dieses kunsthandwerkliche Einzelstück wird im Geschäft zwischen 50 und 60 Euro bezahlt.

Weihnachtskrippen aus aller Welt

Annemarie und Wolfgang Gölzer berichten von ihrer umfänglichen Sammlung

Josef und Maria tragen Häuptlingsfedern und farbenfrohe Inkatracht. Der Stall von Bethlehem ist so überfüllt wie eine enge peruanische Hütte – alle sind gekommen, um das Jesuskind zu sehen.

tament von Lukas und die Ergänzungen von Matthäus zur Geburt Jesu beflügeln immer wieder den Wunsch des Menschen bei diesem Ereignis dabei gewesen zu sein: „Heute ist euch in der Stadt

Worte von der Geburt Christi. Die lange Zeitspanne und die große Entfernung, die zwischen der Erschaffung der jeweiligen Krippe und dem Geschehen von Bethlehem liegen, versucht der Krippen-

Krippe der Makonde-Schnitzer, Tansania/Mosambique von 1990.

sehen. Das Szenario spielt sich auf wenigen Quadratzentimetern ab, in einer unserer rund 550 Weihnachtskrippen aus 50 Ländern, die wir im Laufe unseres Lebens gesammelt haben.

Der kurze Bericht im Neuen Tes-

Davids der Retter geboren; er ist der Messias, der Herr. Und das soll euch als Zeichen dienen: Ihr werdet ein Kind finden, das in Windeln gewickelt in einer Krippe liegt." (Lk 2, 11-12)

Weihnachtskrippen erzählen ohne

bauer zu überbrücken, indem er das Geschehen in seine Zeit und seine Umwelt transferiert. So tragen die Figuren die Gesichtszüge der jeweiligen Völker. Die Figuren haben also beispielsweise das Aussehen von Afrikanern, Indios,

Asiaten oder Europäern. Kleidung, Gaben, Gebäude und die Tiere entsprechen der eigenen Umgebung.

Bis zum Ende des 19. Jahrhunderts war das Aufstellen von Krippen den Kirchen, dem Adel und dem Bürgertum vorbehalten. Die Josephinische Kirchenreform verbannte die Krippen aus den Gotteshäusern, die Bevölkerung wollte jedoch nicht auf die lieb gewonnene Tradition verzichten und stellte heimlich Krippen auf. Erst ab Anfang des 20. Jahrhunderts fanden die Hauskrippen ihre heutige Bedeutung.

Natürlich weiß der Krippenbauer, dass in Jerusalem die dargestellte Szene nicht exakt so gewesen sein kann. Der Makonde, also der Schnitzer in Tansania, weiß, dass Maria, Josef und das Kind nicht schwarzhäutig waren. Auch die Wahl des Materials ist häufig auf die regionale Gegebenheit bezogen: Krippenfiguren sind aus Olivenholz, aus Perlmutt, aus Brotteig in Ecuador, aus Ebenholz in Tansania oder aus Ton geformt und

geschnitzt. Die Weiterentwicklung der Produktionstechniken löste teils die Handarbeit ab und ersetzte sie durch maschinelle und automatisierte Fertigung in Fabriken.

Es ist faszinierend zu sehen, welche Ausdrucksmöglichkeiten Menschen in den ihnen vertrauten Materialien finden. In ihren Darstellungen zeigten und zeigen die Menschen oft nicht nur das Geschehen im Stall, sondern begannen schon mit Mariä Verkündigung und endeten mit der Flucht nach Ägypten. Während die europäischen Krippendarstellungen meist in der Tradition des 19. Jahrhunderts verbleiben, zeigen zum Beispiel die Töpfer in Peru auch das Alltagsleben in ihren Darstellungen.

Perlmutt-Krippe aus Israel etwa um 1950.

Schon als Fünfjähriger begann Wolfgang Gölzer, Jahrgang 1946, seine heute umfängliche Sammlung von Krippen aus aller Welt mit einer Margarine-Figuren-Krippe. Es folgten mehrere Krippen, die aus Spielfiguren bestanden. Fast zu jedem Weihnachtsfest kamen eine neue Variante oder ein neues Exemplar zur Krippensammlung hinzu. 550 Krippen haben Gölzer und seine Frau Annemarie mittlerweile aus rund 50 Ländern zusammengetragen.

Reisen wurden für die Gölzers zu Krippenbeschaffungs-Urlauben, Flohmärkte zu Krippenbeschaffungs-Expeditionen. Freunde wussten immer, was sie schenken sollten.

Im Jahr 2000 zog das Ehepaar von Wuppertal nach Oberndorf an der Oste, wo die beiden bereits seit Jahren ein Wochenendhaus besaßen. Hier brauchten sie die Krippen nun nicht mehr unter dem Bett, auf Schränken oder in Kartons zu verstauen. Im Norden zeigten sie erstmals eine Auswahl ihrer Sammlung in einer öffentlichen Ausstellung, die zu einem großen Erfolg wurde. Weitere Ausstellungen im Elbe-Weser-Raum folgten.

Krippe aus Afrika, Dornholz Nigeria um 1960.

Kastenkrippe aus Grulich (faule Krippe) Böhmen um 1835.

Die Figuren sind aus Vesuviaton handgeformt von den Indios in Ielisco/Mexiko.

Figuren aus Olivenholz der christlichen Palästinenser um 1990.

Retablo-Krippe der Indios, Peru um 1965.

Marolin-Krippe, Firma Mahr Erzgebirge, Deutschland um 1930.

Figuren der Firma Fontanini, Italien Design Simonetti, um 1960.

Maisstroh-Krippe: Bäuerliche Arbeit aus der Tschechischen Republik um 1980.

Krippe der polnischen Volkskunst, eine Arbeit von Tschizeck um 1965.

Blechmantel-Krippe, USA 2003.

Holzfiguren aus Madagaskar um 2000.

Birkenholz-Krippe, Polen 2007.

Böhmische Papierkrippe aus Nordböhmen von der Malerin Heleny Horalkove, 1935.

Faltkrippe: Karton bedruckt und ausgestanzt, Deutschland um 1880.

Keramin-Guss-Krippe aus Kevelaer, Deutschland 2003.

Ahorn-Holzfiguren-Krippe aus dem Grödnertal, Holzbildhauer Demetz, Italien 1990.

Gelbguss-Krippe aus Burkina-Faso, Obervolta etwa 1980.

Krippe aus den USA von Jim Shore, amerikanischer Designer, 2003.

Loammandl-Krippe aus Ton, glasiert, Österreich etwa 1900.

Tonkrippe, von einem Kind modeliert, Deutschland, 2007.

Tonkrippe, kalt bemalt aus Estremoz in Portugal etwa 1990.

Überraschungsei-Krippe, Italien 1996.

Krippe von Hilario Mendivil Velasco, Peru, 1955.

Großfiguren-Krippe aus Kunststoff, Deutschland, 2004.

Orangen-Makronen

3 Eiweiß
250 g Zucker
250 g gemahlene Mandeln
2 TL Orangenlikör
Backoblaten
100 g Puderzucker
2 EL Orangenlikör
1 unbehandelte Orange

Das Eiweiß sehr steif schlagen, zum Schluss den Zucker einrieseln lassen. Mandeln und Likör vorsichtig untermischen. Die Masse in einen Spritzbeutel mit großer Tülle füllen und auf die Oblaten spritzen. Im vorgeheizten Backofen bei 150° 20 Min. backen. Puderzucker mit Likör glatt rühren, auf jede Makrone einen Klacks geben und mit geriebener Orangenschale verzieren.

Nougattaler

150 g Butter
100 g Puderzucker
40 g Marzipanmasse
3 Eigelbe
150 g gemahlene Haselnüsse
250 g Mehl
1 TL Zimt, 1 Pr. Salz
100 g Hagelzucker
1 Eigelb
100 g Nussnougatcreme

Butter, Puderzucker, Marzipan und Eigelb schaumig rühren. Haselnüsse, Mehl, Zimt und Salz zur Buttermasse geben und mit dem Handrührgerät verkneten. Den Teig 2 Stunden kalt stellen. Dann den Teig auf einer Arbeitsplatte dünn ausrollen. Mit einem Glas runde Plätzchen von ca. 3 cm Durchmesser ausstechen. Die Hälfte der Plätzchen mit Eigelb bestreichen und mit Hagelzucker bestreuen. Plätzchen bei 175° 15 Minuten backen. Nach dem Backen die einfachen Plätzchen mit Nussnougatcreme bestreichen und ein Plätzchen mit Hagelzucker oben draufsetzen.

Schoko-Orangenkekse

200 g Mehl
60 g Stärkemehl
1 gestr. TL Backpulver
125 g Butter
100 g Zucker
1 Vanillezucker
1 P. Orange-Back oder geriebene Schale einer Orange
1 Ei
100 g geh. Zartbitterschokolade

Alle Zutaten, außer der Schokolade, mit dem Handrührgerät und dem Knethaken zu einem glatten Teig verarbeiten. Die gehackte Schokolade zum Schluss unterkneten. Auf der bemehlten Arbeitsfläche ausrollen und Plätzchen ausstechen. Auf einem mit Backpapier belegten Blech im vorgeheizten Backofen bei 180° 12 Minuten abbacken.

Wolfdietrich Schnurre

Die Leihgabe

Am meisten hat Vater sich jedes Mal zu Weihnachten Mühe gegeben. Da fiel es uns allerdings auch besonders schwer, drüber wegzukommen, dass wir arbeitslos waren. Andere Feiertage, die beging man, oder man beging sie nicht; aber auf Weihnachten lebte man zu, und war es erst da, dann hielt man es fest; und die Schaufenster, die brachten es ja oft noch nicht mal im Januar fertig, sich von ihren Schokoladenweihnachtsmännern zu trennen.

Mir hatten es vor allem immer die Zwerge und Kasperles angetan. War Vater dabei, sah ich weg; aber das fiel meist mehr auf, als wenn man hingesehen hätte; und so fing ich dann allmählich doch wieder an, in die Läden zu gucken.

Vater war auch nicht gerade unempfindlich gegen die Schaufensterauslagen, er konnte sich nur besser beherrschen. Weihnachten, sagte er, wäre das Fest der Freude; das Entscheidende wäre jetzt nämlich: nicht traurig zu sein, auch dann nicht, wenn man kein Geld hätte.

„Die meisten Leute", sagte Vater, „sind bloß am ersten und zweiten Feiertag fröhlich und vielleicht nachher zu Silvester noch mal. Das genügt aber nicht; man muß mindestens schon einen Monat vorher mit Fröhlichsein anfangen. „Zu Silvester", sagte Vater, „da kannst du dann getrost wieder traurig sein; denn es ist nie schön, wenn ein Jahr einfach so weggeht. Nur jetzt, so vor Weihnachten, da ist es unangebracht, traurig zu sein."

Vater selbst gab sich auch immer große Mühe, nicht traurig zu sein um diese Zeit; doch er hatte es aus irgendeinem Grund da schwerer als ich, wahrscheinlich deshalb, weil er keinen Vater mehr hatte, der ihm dasselbe sagen konnte, was er mir immer sagte.

Es wäre bestimmt auch alles leichter gewesen, hätte Vater noch seine Stelle gehabt. Er hätte jetzt sogar wieder als Hilfspräparator gearbeitet, aber sie brauchten keine Hilfspräparatoren im Augenblick. Der Direktor hatte gesagt, aufhalten im Museum könnte Vater sich gern, aber mit Arbeit müsste er warten, bis bessere Zeiten kämen.

„Und wann, meinen Sie, ist das?" hatte Vater gefragt.

„Ich möchte Ihnen nicht weh tun", hatte der Direktor gesagt.

Frieda hatte mehr Glück gehabt; sie war in einer Großdestille am Alexanderplatz als Küchenhilfe eingestellt worden und war dort auch gleich in Logis. Uns war es ganz angenehm, nicht dauernd mit ihr zusammenzusein; sie war jetzt, wo wir uns nur mittags und abends mal sahen, viel netter.

Aber im Grunde lebten auch wir nicht schlecht. Denn Frieda versorgte uns reichlich mit Essen, und war es zu Hause zu kalt, dann gingen wir ins Museum rüber; und wenn wir uns alles angesehen hatten, lehnten wir uns unter dem Dinosauriergerippe an die Heizung, sahen aus dem Fenster oder fingen mit dem Museumswärter ein Gespräch über Kaninchenzucht an.

An sich war das Jahr also durchaus dazu angetan, in Ruhe und Beschaulichkeit zu Ende gebracht zu werden. Wenn Vater sich nur nicht solche Sorge um einen Weihnachtsbaum gemacht hätte.

Es kam ganz plötzlich.

Wir hatten eben Frieda aus der Destille abgeholt und sie nach Hause gebracht und uns hingelegt, da klappte Vater den Band „Brehms Tierleben" zu, in dem er abends immer noch las, und fragte zu mir rüber: „Schläfst du schon?"

„Nein", sagte ich, denn es war zu kalt zum Schlafen.

„Mir fällt eben ein", sagte Vater, „wir brauchen ja einen Weihnachtsbaum." Er machte eine Pause und wartete meine Antwort ab. „Findest du?" sagte ich.

„Ja", sagte Vater, „und zwar so einen richtigen, schönen; nicht so einen murkligen, der schon umkippt, wenn man bloß mal eine Walnuß dranhängt."

Bei dem Wort Walnuß richtete ich mich auf. Ob man nicht vielleicht auch ein paar Lebkuchen kriegen könnte zum Dranhängen?

Vater räusperte sich. „Gott –", sagte er, „warum nicht; mal mit Frieda reden."

„Vielleicht", sagte ich, „kennt Frieda auch gleich jemand, der uns einen Baum schenkt."

Vater bezweifelte das. Außerdem: so einen Baum, wie er ihn sich vorstellte, den verschenkte niemand, der wäre ein Reichtum, ein Schatz wäre der.

Ob er vielleicht eine Mark wert wäre, fragte ich.

„Eine Mark -?!" Vater blies verächtlich die Luft durch die Nase: „Mindestens zwei."

„Und wo gibt's ihn?"

„Siehst du", sagte Vater, „das überleg' ich auch gerade."

„Aber wir können ihn doch gar nicht kaufen", sagte ich, „zwei Mark: wo willst du die denn jetzt hernehmen?"

Vater hob die Petroleumlampe auf und sah sich im Zimmer um. Ich wusste, er überlegte, ob sich vielleicht noch was ins Leihhaus bringen ließe; es war aber schon alles drin, sogar das Grammophon, bei dem ich so geheult hatte, als der Kerl hinter dem Gitter mit ihm weggeschlurft war.

Vater stellte die Lampe wieder zurück und räusperte sich. „Schlaf mal erst; ich werde mir den Fall durch den Kopf gehen lassen."

In der nächsten Zeit drückten wir uns bloß immer an den Weihnachtsbaumverkaufsständen herum. Baum auf Baum bekam Beine und lief weg; aber wir hatten noch immer keinen.

„Ob man nicht doch -?" fragte ich am fünften Tag, als wir gerade wieder im Museum unter dem Dinosauriergerippe an der Heizung lehnten.

„Ob man was?" fragte Vater scharf.

„Ich meine, ob man nicht doch versuchen sollte, einen gewöhnlichen Baum zu kriegen?"

„Bist du verrückt?!" Vater war empört. „Vielleicht so einen Kohlstrunk, bei dem man nachher nicht weiß, soll es ein Handfeger oder eine Zahnbürste sein? Kommt gar nicht in Frage.

Doch was half es; Weihnachten kam näher und näher. Anfangs waren die Christbaumwälder in den Straßen noch aufgefüllt worden, aber allmählich lichteten sie sich, und eines Nachmittags waren wir Zeuge, wie der fetteste Christbaumverkäufer vom Alex, der Kraftriemen-Jimmy, sein letztes Bäumchen, ein wahres Streichholz von einem Baum, für drei Mark fünfzig verkaufte, aufs Geld spuckte, sich aufs Rad schwang und wegfuhr.

Nun fingen wir doch an, traurig zu werden. Nicht schlimm, aber immerhin, es genügte, dass Frieda die Brauen noch mehr zusammenzog, als sie es sonst schon zu tun pflegte, und dass sie uns fragte, was wir denn hätten.

Wir hatten uns zwar daran gewöhnt, unseren Kummer für uns zu behalten, doch diesmal machten wir eine Ausnahme, und Vater erzählte es ihr.

Frieda hörte aufmerksam zu. „Das ist alles?"

Wir nickten.

„Ihr seid aber komisch", sagte Frieda, „wieso geht ihr denn nicht einfach in den Grunewald, einen klauen?"

Ich habe Vater schon häufig empört gesehen, aber so empört wie an diesem Abend noch nie. Er war kreidebleich geworden. „Ist das dein Ernst?" fragte er heiser.

Frieda war sehr erstaunt. „Logisch", sagte sie, „das machen doch alle."

„Alle –!" echote Vater dumpf, „alle –!" Er erhob sich steif und nahm mich bei der Hand. „Du gestattest wohl", sagte er darauf zu Frieda, „dass ich erst den Jungen nach Hause bringe, ehe ich dir hierauf die gebührende Antwort erteile."

Er hat sie ihr niemals erteilt. Frieda war vernünftig, sie tat so, als ginge sie auf Vaters Zimperlichkeit ein, und am nächsten Tag entschuldigte sie sich.

Doch was nützte das alles; einen Baum, gar einen Staatsbaum, wie Vater ihn sich vorstellte, hatten wir deshalb noch lange nicht.

Aber dann – es war der 23. Dezember, und wir hatten eben wieder unseren Stammplatz unter dem Dinosauriergerippe bezogen – hatte Vater die große Erleuchtung.

„Haben Sie einen Spaten?" fragte er den Museumswärter, der neben uns auf seinem Klappstuhl eingenickt war.

„Was?!" rief der und fuhr auf, „was habe ich?!"

„Einen Spaten, Mann", sagte Vater ungeduldig, „ob Sie einen Spaten haben." – Ja, den hätte er schon.

Ich sah unsicher an Vater empor. Er sah jedoch leidlich normal aus; nur sein Blick schien mir eine Spur unsteter zu sein als sonst.

„Gut", sagte er jetzt, „wir kommen heute mit zu Ihnen nach Hause, und Sie borgen ihn uns."

Was er vorhatte, erfuhr ich erst in der Nacht.

„Los", sagte Vater und schüttelte mich, „steh auf."

Ich kroch schlaftrunken über das Bettgitter. „Was ist denn los?"

„Paß auf", sagte Vater und blieb vor mir stehen: „Einen Baum stehlen, das ist gemein; aber sich einen borgen, das geht."

„Borgen -?" fragte ich blinzelnd.

„Ja", sagte Vater. „Wir gehen jetzt in den Friedrichshain und graben eine Blautanne aus. Zu Hause stellen wir sie in die Wanne mit Wasser, feiern morgen dann Weihnachten mit ihr, und nachher pflanzen wir sie wieder am selben Platz ein. Na -?" Er sah mich durchdringend an.

„Eine wunderbare Idee", sagte ich.

Summend und pfeifend gingen wir los; Vater den Spaten auf dem Rücken, ich einen Sack unter dem Arm. Hin und wieder hörte Vater auf zu pfeifen, und wir sangen zweistimmig „Morgen, Kinder, wird's was geben" und „Vom Himmel hoch, da komm' ich her". Wie immer bei solchen Liedern, hatte Vater Tränen in den Augen, und auch mir war schon ganz feierlich zumute.

Dann tauchte vor uns der Friedrichshain auf, und wir schwiegen.

Die Blautanne, auf die Vater es abgesehen hatte, stand inmitten eines strohgedeckten Rosenrondells. Sie war gut anderthalb Meter hoch und ein Muster an ebenmäßigem Wuchs.

Da der Boden nur dicht unter der Oberfläche gefroren war, dauerte es auch gar nicht lange, und Vater hatte die Wurzeln freigelegt. Behutsam kippten wir den Baum darauf um, schoben ihn mit den Wurzeln in den Sack, Vater hing seine Joppe über das Ende, das raussah, wir schippten das Loch zu, Stroh wurde drübergestreut, Vater lud sich den Baum auf die Schulter, und wir gingen nach Hause.

Hier füllten wir die große Zinkwanne mit Wasser und stellten den Baum rein.

Als ich am nächsten Morgen aufwachte, waren Vater und Frieda schon dabei, ihn zu schmücken. Er war jetzt mit Hilfe einer Schnur an der Decke befestigt, und Frieda hatte aus Stanniolpapier allerlei Sterne geschnitten, die sie an seinen Zweigen aufhängte; sie sahen sehr hübsch aus. Auch einige Lebkuchenmänner sah ich hängen.

Ich wollte den beiden den Spaß nicht verderben, daher tat ich so, als schliefe ich noch. Dabei überlegte ich mir, wie ich mich für ihre Nettigkeit revanchieren könnte.

Schließlich fiel es mir ein: Vater hatte sich einen Weihnachtsbaum geborgt, warum sollte ich es nicht fertig bringen, mir über die Feiertage unser verpfändetes Grammophon auszuleihen?

Ich tat also, als wachte ich eben erst auf, bejubelte vorschriftsmäßig den Baum, und dann zog ich mich an und ging los.

Der Pfandleiher war ein furchtbarer Mensch; schon als wir zum erstenmal bei ihm gewesen waren und Vater ihm seinen Mantel gegeben hatte, hätte ich dem Kerl sonst was zufügen mögen; aber jetzt musste man freundlich zu ihm sein.

Ich gab mir auch große Mühe. Ich erzählte ihm was von zwei Großmüttern und „gerade zu Weihnachten" und „letzter Freude auf alte Tage" und so, und plötzlich holte der Pfandleiher

aus und haute mir eine herunter und sagte ganz ruhig:

„Wie oft du sonst schwindelst, ist mir egal, aber zu Weihnachten wird die Wahrheit gesagt, verstanden?"

Darauf schlurfte er in den Nebenraum und brachte das Grammophon an. „Aber wehe ihr macht was an ihm kaputt! Und nur für drei Tage! Und auch bloß, weil du's bist!"

Ich machte einen Diener, dass ich mir fast die Stirn an der Kniescheibe stieß; dann nahm ich den Kasten unter den einen, den Trichter unter den anderen Arm und rannte nach Hause.

Ich versteckte beides erst mal in der Waschküche. Frieda allerdings musste ich einweihen, denn die hatte die Platten; aber Frieda hielt dicht.

Mittags hatte uns Friedas Chef, der Destillenwirt, eingeladen. Es gab eine tadellose Nudelsuppe, anschließend Kartoffelbrei mit Gänseklein. Wir aßen, bis wir uns kaum noch erkannten; darauf gingen wir, um Kohlen zu sparen, noch ein bisschen ins Museum zum Dinosauriergerippe; und am Nachmittag kam Frieda und holte uns ab.

Zu Hause wurde geheizt. Dann packte Frieda eine Riesenschüssel voll übriggebliebenem Gänseklein, drei Flaschen Rotwein und einen Quadratmeter Bienenstich aus, Vater legte für mich seinen Band „Brehms Tierleben" auf den Tisch, und im nächsten unbewachten Augenblick lief ich in die Waschküche runter, holte das Grammophon rauf und sagte Vater, er solle sich umdrehen.

Er gehorchte auch; Frieda legte die Platten raus und steckte die Lichter an, und ich machte den Trichter fest und zog das Grammophon auf.

„Kann ich mich umdrehen?" fragte Vater, der es nicht mehr aushielt, als Frieda das Licht ausgeknipst hatte. „Moment", sagte ich, „dieser verdammte Trichter – denkst du, ich krieg' das Ding fest?" Frieda hüstelte. „Was denn für ein Trichter?" fragte Vater.

Aber da ging es schon los. Es war „Ihr Kinderlein, kommet"; es knarrte zwar etwas, und die Platte hatte wohl auch einen Sprung, aber das machte nichts. Frieda und ich sangen mit, und da drehte Vater sich um. Er schluckte erst und zupfte sich an der Nase, aber dann räusperte er sich und sang auch mit.

Als die Platte zu Ende war, schüttelten wir uns die Hände, und ich erzählte Vater, wie ich das mit dem Grammophon gemacht hätte.

Er war begeistert. „Na -?" sagte er nur immer wieder zu Frieda und nickte dabei zu mir rüber: „Na -?" Es wurde ein sehr schöner Weihnachtsabend. Erst sangen und spielten wir die Platten durch, dann spielten wir sie noch mal ohne Gesang, dann sang Frieda noch mal alle Platten allein, dann sang sie mit Vater noch mal, und dann aßen wir und tranken den Wein aus, und darauf machten wir noch ein bisschen Musik, und dann brachten wir Frieda nach Hause und legten uns auch hin.

Am nächsten morgen blieb der Baum noch aufgeputzt stehen. Ich durfte liegen bleiben, und Vater machte den ganzen Tag Grammophonmusik und pfiff zweite Stimme dazu.

Dann, in der folgenden Nacht, nahmen wir den Baum aus der Wanne, steckten ihn, noch mit Stanniolpapiersternen geschmückt, in den Sack und brachten ihn zurück zum Friedrichshain. Hier pflanzten wir ihn wieder in sein Rosenrondell. Darauf traten wir die Erde fest und gingen nach Hause. Am Morgen brachte ich dann auch das Grammophon weg.

Den Baum haben wir noch häufig besucht; er ist wieder angewachsen. Die Stanniolpapiersterne hingen noch eine ganze Weile in seinen Zweigen, einige sogar bis in den Frühling.

Vor ein paar Monaten habe ich mir den Baum wieder mal angesehen. Er ist jetzt gute zwei Stock hoch und hat den Umfang eines mittleren Fabrikschornsteins. Es mutet merkwürdig an, sich vorzustellen, dass wir ihn mal zu Gast in unserer Wohnküche hatten.

ZWEITE ADVENTSWOCHE

Taubenhaus in Cadenberge

Tochter Zion, freue dich!

1. Tochter Zion, freue dich!
Jauchze, laut, Jerusalem!
Sieh, dein König kommt zu dir!
Ja er kommt, der Friedefürst.
Tochter Zion, freue dich!
Jauchze, laut, Jerusalem!

2. Hosianna, Davids Sohn,
Sei gesegnet deinem Volk!
Gründe nun dein ewig' Reich,
Hosianna in der Höh'!
Hosianna, Davids Sohn,
Sei gesegnet deinem Volk!

3. Hosianna, Davids Sohn,
Sei gegrüßet, König mild!
Ewig steht dein Friedensthron,
Du, des ew'gen Vaters Kind.
Hosianna, Davids Sohn,
Sei gegrüßet, König mild!

Besuch hat sich angemeldet

Doch bevor er kommt, gibt es noch einiges zu tun: aufräumen, saubermachen, dekorieren, Kuchen backen. Schließlich soll der Besuch sich wohl fühlen und einen guten Eindruck bekommen. Er muss ja nicht wissen, dass es nicht immer so ordentlich aussieht.

Ähnlich verhält es sich, wenn hohe Vertreter aus Politik oder Kirche ihren Besuch ansagen. Der Ort putzt sich heraus: Die Straßen werden gereinigt, der Müll entfernt, Häuserfassaden bekommen einen neuen Anstrich, Blumenkübel schmücken den Marktplatz, der rote Teppich wird ausgerollt und natürlich darf ein festlicher Empfang nicht fehlen – mit ausgewählten Gästen – versteht sich, schließlich will man nicht gestört werden. Wen wundert es, dass dabei manche Politiker den Blick für die Wirklichkeit verlieren!

Wir feiern Advent – die Ankunft Gottes. Er hat seinen Besuch angesagt. Darauf bereiten wir uns in diesen Tagen vor. Tausende Lichter hängen wir in unsere Fester, überall leuchtet und blinkt es an den Fassaden. So, als hätte einer gesagt: All das Dunkel, den Dreck, das Leid, den Streit, das kannst du dem, der da kommt, nicht zumuten.

Doch Gott will es anders. Er kommt zu den Menschen als einer von ihnen. Geboren – nicht in einem prächtigen Königspalast, sondern in einem dreckigen Stall. Er kommt in die Dunkelheit der Welt und lässt sich nicht blenden. Es fällt uns schwer, diese kalte und dunkle Härte der Botschaft von Weihnachten nicht mit Flitter und Kerzenschimmer zu verdecken.

Doch wenn wir ihr standhalten, erkennen wir, was allein froh machen kann an dieser Botschaft: Gott ist sich nicht zu schade für eine Futterkrippe. In einem Stall beginnt Gott seine Geschichte mit uns. Hier fängt die Liebe an, die uns verwandeln will. Die Finsternis ist noch nicht beseitigt, aber das Licht strahlt schon auf. Und dieses Licht wirft auch ein neues Licht auf unser Leben, wie „unaufgeräumt" es auch sein mag.

Pastorin Heike Mangels

Kirchengemeinde Warstade/Hemmoor

Sonja Domröse

Sie künden von Frieden und Freude

Nur wenige mittelalterliche Kirchen-Glocken wurden erhalten

Von Friede und Freude sollen sie künden. So hat es sich der Theologe und Pädagoge Friedrich Wilhelm Kritzinger (1816 – 1890) gewünscht und in seinem Lied „Süßer die Glocken nie klingen als zu der Weihnachtszeit" besungen. Er konnte nicht ahnen, dass viele der Klangkunstwerke das 20. Jahrhundert nicht überleben würden. In zwei Weltkriegen sind viele der wertvollen Bronzekolosse für Kriegszwecke eingeschmolzen worden. So ist heute ein Geläut, in dem noch mittelalterliche Glocken ertönen, selten geworden.

Die St. Laurentius-Kirchengemeinde in Achim bei Verden verfügt über solch eine Kostbarkeit. An Weihnachten 2007 luden nach einer aufwändigen und kostspieligen Restauration erstmals wieder die 700 Jahre alten Glocken die Gläubigen zu den Gottesdiensten ein.

Eine solch alte Glocke hängt auch im Turm der Stadtkirche in Rotenburg. Und sie trägt, wie jede ehrwürdige Vertreterin ihrer Art, einen Namen: In der Wümmestadt ist sie als „Margarethe" bekannt. Davon erzählt auch das Spruchband rund um die Bronzehaube:„Mergerite.es.mine.name.miin. luut.si.gode.bequame" ist dort zu lesen. Übersetzt heißt dies: „Margarethe ist mein Name. Mein Laut sei Gott angenehm." Leider reimt es sich in Hochdeutsch nicht so schön. Seit dem 10. Jahrhundert werden Glocken mit Schriftbändern geschmückt, in der

Die „Margarethe" aus Rotenburg von 1379

Regel mit biblischen Versen. Oft sind diese Worte verbunden mit Kreuzigungsdarstellungen, Marienbildern oder dem Konterfei von Aposteln.

Aus finanzieller Not heraus entschieden sich nach dem 2. Weltkrieg viele Kirchengemeinden für ein Geläut aus Stahl oder Eisen. Eine nicht sehr nachhaltige Entscheidung, wie sich in den letzten Jahren herausgestellt hat. „Die sind nach 80 Jahren kaputt", erklärt Andreas Philipp, Glockensachverständiger der hannoverschen Landeskirche. Ein aus Bronze gegossenes Exemplar überdauert Jahrhunderte. Und woran hängt eine Glocke am besten? „An einem Holzjoch", so der Fachmann, „denn ein Stahljoch hebt zu sehr die Obertöne hervor. Dabei sollen die tiefen Schwingungen betont werden. Und das kann nur ein Holzjoch." Bis heute werden in Deutschland in den Glockengießereien in alter Hand-

Die beiden Glocken von St. Nicolai in Bützfleth hängen auf einem Holzjoch.

werkstradition die bronzenen Kostbarkeiten hergestellt. Eine Glocke wird nicht einfach nur gegossen. Pastorin oder Pastor, Kirchenvorstand und andere Interessierte der Gemeinde sind mit dabei. Immerhin etwa 15 Glocken werden innerhalb der Evangelisch-lutherischen Landeskirche Hannovers jedes Jahr neu geschaffen, viele von ihnen für einen Dienst auf Friedhöfen. Rund 5000 Glocken läuten derzeit von etwa 2000 Kirchtürmen und Friedhofskapellen zwischen Hannoversch Münden und Cuxhaven, Emden und dem Wendland.

Dabei hat jede Glocke neben einem eigenen Ton auch einen besonderen Zweck, zu dem sie geläutet wird: So gibt es eine Trau- und Taufglocke, eine Sterbe- und Gebetsglocke. Oft hängt diese letztgenannte außen am Turm in einem kleinen Gehäuse. Sie erklingt, wenn die Gemeinde während des Gottesdienstes das „Vater unser" spricht, jeweils zu den einzelnen sieben Bitten dieses Gebetes.

Volles Geläut gibt es nur an den hohen Festtagen. Wie an Weihnachten, wenn die Glocken weit ins Land hinaus schallen und ihr Ruf immer wieder neu zum Frieden mahnt. Denn so heißt es in der Weihnachtsgeschichte: „Ehre sei Gott in der Höhe und Friede auf Erden bei den Menschen seines Wohlgefallens."

Glockenguss - eine Jahrhunderte alte Technik

In Deutschland gibt es noch sechs große Glockengießereien, die über Jahrhunderte ihr Wissen und die Glockengusstechnik weiterentwickelt haben. Die Firma Rincker in Sinn/Hessen kann auf eine über 400-jährige Geschichte der Glockengießerei zurückschauen.

Die wichtigste Arbeit erfolgt zunächst auf dem Reißbrett, wo die „Rippe", das Glockenprofil, gezeichnet wird. Der Querschnitt der neuen Glocke wird auf ein Brett übertragen und als drehbare Schablone über dem Formstand befestigt.

Glockengießerei in Sinn/Hessen

Der Glockenbauer stellt anhand dieser Schablone aus Lehm den „Kern" der Glocke her. Der zweite Formteil ist die „Modell"-Glocke, deren Umfang genau der zu gießenden Glocke entspricht. Auf dieses Modell werden die Inschriften und Verzierungen aus Wachs aufgetragen. Sie schmelzen beim Trocknen der Form und hinterlassen ihren Abdruck im dritten, umfangreichsten Formteil, dem „Mantel". Er umschließt alle bisherigen Formteile mit einer dicken Schicht, die kaum mehr einer Glocke ähnelt. Alle Formteile trocknen langsam. Dann kann der Mantel wieder abgehoben werden und die Modell-Glocke wird herausgenommen. Anschließend wird die Kernform in den Gussblock gesetzt und der Mantel wieder sorgfältig darübergestülpt. In die Hohle zwischen Kern und Mantel fließt beim Guss das auf über 1100 Grad erhitzte Metall. Der Glockenguss, oftmals um 15 Uhr auf die Todesstunde Christi terminiert, beginnt mit einem Gebet. Nur wenige Augenblicke dauert das dampfende und brodelnde Spektakel. Ob der Guss gelungen ist, lässt sich erst nach ein oder zwei Tagen sagen, wenn die erkaltete Form zerschlagen ist. (von Pastor Bert Hitzegrad)

Peter von Allwörden

Weihnachtsbescherung im Klosterhof

Wie im Kloster Neuenwalde sechs Stiftsdamen die Tradition leben

Sie treffen sich zum Singen und zum Backen. Wenige Tage vor Weihnachten ziehen sie zu zweit oder dritt los, um alte, kranke und einsame Menschen im Ort zu besuchen und ihnen einen gesungenen Gruß zum nahen Weihnachtsfest zu

Die sechs Klosterdamen – die jüngste ist Ende 50 und die älteste fast 87 Jahre alt – treffen sich mindestens einmal im Monat im Konventszimmer zur Besprechung, um die gemeinsame Arbeit in den kommenden Wochen, aber auch Grund-

Anfang 2007 die Leitung des Klosters als Priorin von ihrer Schwester Dr. Thora von der Decken übernommen hat. Bisher scheitern diese gemeinsamen Weihnachtsessen an den übervollen Terminkalendern der sechs Klosterbewohnerinnen. Priorin Veronika war 70 Jahre alt, als sie die Nachfolge ihrer 15 Jahre älteren Schwester antrat. Die ehemalige Ärztin hatte fast 20 Jahre lang die Geschicke des Klosters geleitet. Als Veronika von der Decken im Jahr 2000 zunächst als Mieterin ins Kloster zog, war sie die jüngste Mitbewohnerin.

Kurz zur Erklärung: Im Kloster Neuenwalde leben außer den sechs Stiftsdamen auch noch einige Mieter. Die Konventualinnen, also die zum eigentlichen Klosterkreis gehörenden Frauen, kümmern sich um das Klosterleben. Und das hat wenig mit der Vorstellung von Nonnen in katholischen Ordensklöstern zu tun. Die Damen kommen meist im Rentenalter ins Kloster, waren zuvor berufstätig und zum Teil verheiratet, haben Kinder und Enkelkinder.

Die Frauen verbindet der christliche Glaube und die Zugehörigkeit zu einer evangelischen Kirche. Früher mussten sie auch aus adeligem Hause stammen, doch diese Begrenzung wurde bei einer

Thora und Veronika von der Decken

überbringen. Die Rede ist von den Stiftsdamen des Klosters Neuenwalde bei Cuxhaven. Die sechs Frauen halten nicht nur die Jahrhunderte alte Tradition des norddeutschen Klosters hoch, sondern suchen auch beständig nach zeitgemäßen Formen der Klosterarbeit.

satzthemen zu besprechen. Ein solches Grundsatzthema ist beispielsweise, wie denn die Stiftsdamen selbst künftig miteinander Weihnachten feiern wollen. Ein gemeinsames Abend- oder Mittagessen müsse doch möglich sein, findet Veronika von der Decken, die

Reform der Klosterord-
nung aufgehoben. Die
ursprüngliche Begren-
zung erklärt sich aus der
Geschichte des Klosters,
das bis heute der Ritter-
schaft, der früheren Ver-
tretung des Adelsstandes,
gehört und von ihr
unterhalten wird. Wegen
der Verbundenheit zu
Glauben und Kirche gibt
es Andachten in der
Klosterkirche, die gleichzeitig als Gemeindekir-
che von Neuenwalde und
von dem dortigen Pastor
genutzt wird.

Zum traditionellen
Selbstverständnis der
Stiftsdamen gehört ihr
soziales und kulturelles
Engagement. Und das
soll nach Vorstellungen
der amtierenden Priorin
vor allem zeitgemäß sein.
Die ehemalige Diplom-
pädagogin, die sich beruflich intensiv mit der Integration von Kindern
aus eingewanderten Familien
beschäftigt hat, sieht zum Beispiel
in der Integrations- und Jugendarbeit auch ein für sie wichtiges
Standbein der Klosterarbeit. Lange
vor ihrem Amtsantritt gaben die
Klosterdamen   qualifizierten

*Die Geburt Christi auf einem der Kirchen-
fenster in Neuenwalde, gestiftet 1910 von
den Kindern der nach Amerika ausgewanderten Familie von Bergen.*

Deutschunterricht, um
aus anderen Ländern
zugezogenen Kindern
den Schul- und Berufs-
einstieg zu erleichtern.
Weltoffenheit ist der
weit gereisten Frau alles
andere als ein Fremd-
wort. Sie hat viele Jahre
im Ausland gelebt und
auch in Drittländern in
Hilfsprojekten mitgear-
beitet. Vielleicht wegen
dieses aufregenden und
auch etwas unsteten
Lebens hat sie sich für die
Ruhe und Abgeschieden-
heit des Klosters nahe
ihrer Kehdinger Heimat
entschieden.

Dass trotz dieser Lage in
der norddeutschen Pro-
vinz Kultur ins Kloster
gehöre, findet Veronika
von der Decken selbst-
verständlich. So hatte sie
schon den bekannten
Autoren Roger Willemsen nach
Neuenwalde geholt. Viele persönli-
che Verbindungen der Konventualinnen ermöglichen unterschiedli-
che kulturelle Veranstaltungen. Im
weiten Umkreis sind die Kloster-
konzerte sehr beliebt.

Wer auf den Sonnen beschienenen
winterlichen Innenhof des alten

In diesem Gemälde hat der Neuenwalder Hermann Schinzel das winterliche Kloster verewigt. Der pensionierte Justizbeamte, Jahrgang 1927, zeichnet, malt und fotografiert seit seiner Jugendzeit.

Klosters blickt, fühlt sich in vergangene Zeiten zurückversetzt: alte Gemäuer, ein wunderschöner parkähnlicher Klostergarten mit Wegen zum Flanieren und gemütlichen Ecken zum Plauschen. Und wie zu alten Zeiten treffen sich heute noch die Familien mit ihren Kindern zu Weihnachten im Klosterhof. Eine Pferdekutsche des örtlichen Reit- und Fahrvereins fährt vor, und es werden Präsente an die Kleinen verteilt, die mit glänzenden Augen auf

den Weihnachtsmann warten...

So oder ähnlich ist es hier auch schon vor hundert Jahren zugegangen. Im Unterschied zu den vielen anderen Denkmalen ist das Kloster nicht nur äußerlich erhalten, sondern hinter seinen Mauern wird die Tradition gelebt. Bleibt es am Ende nur, den Stiftsdamen zu wünschen, dass es fürderhin mit dem gemeinsamen Weihnachtsmahl klappen wird – aller Hektik dieser an sich besinnlichen Zeit zum Trotz.

Altar der Klosterkirche.

Die Röver-Orgel der Klosterkirche.

Wer einmal eine der öffentlichen Veranstaltungen im Kloster besuchen oder eine Führung mitmachen möchte, kann sich auf der Internetseite: www.kloster-neuenwalde.de oder unter Tel. 04707/720293 oder 1308 informieren und anmelden.

Blick auf die Geschichte des Klosters

Bis zu 15 Nonnen lebten in den alten Gemäuern. Sie kümmerten sich um die Kirche als Küsterinnen, waren handwerklich und künstlerisch tätig, webten und spannen. Sie pflegten und bestellten den Garten und kümmerten sich um die Speisung der Armen und die Pflege der Kranken. Was man eben so macht in einem mittelalterlichen Kloster, das schon 1219 in Midlum gegründet wurde. Es war fast so etwas wie eine heutige moderne ländliche Sozialstation.

1334 wurde das Kloster schließlich auf seinen jetzigen Standort verlegt und damit auch die Siedlung Nigenwolde gegründet. Aus der anfänglich nur sehr kleinen Klostersiedlung geht der heutige Ort Neuenwalde hervor. Das Kloster sei aber im Vergleich zu anderen Einrichtungen dieser Art des Erzbistums Bremen vergleichsweise unbedeutend gewesen, stellt Dirk Behrens in seiner von der Bremischen Ritterschaft 1993 herausgegebenen Schrift zur Geschichte des Klosters fest.

Nach der Reformation verlor das zuletzt von Jesuiten betriebene Kloster seine Bedeutung. Schließlich geht es am 3. Juli 1683 in den Besitz der Ritterschaft – damals eine wichtige Ständevertretung des Adels und Bestandteil der Selbstverwaltung. Bis heute unterhält und betreibt die Ritterschaft, die sich heute nach ihrem Selbstverständnis um die Bewahrung von historischem Kulturgut und Tradition bemüht, das Kloster. Bis heute untersteht das Kloster dem Präsidenten der Bremischen Ritterschaft. Immerhin hatte das Kloster auch beachtliche Ländereien zu bewirtschaften.

Das Kloster wurde unter der Ritterschaft zu einem christlich ausgerichteten Damenstift mit dem Zweck, ledigen Töchtern aus dem Adel zum Zwecke der „Education und zum Unterhalt" eine Heimstadt zu geben, wie es in der 1684 erlassenen Klosterordnung hieß. Manche dieser ledigen Adelstöchter fanden dann aber doch noch den richtigen Mann und schieden aus dem Stift wieder aus. In diesem Punkt wurde die Klosterordnung erstmals 1990 angepasst: Nicht mehr allein

Unverheiratete durften in das Stift, sondern auch andere „allein stehende Frauen, die der christliche Glaube verbindet", dürfen fortan nach Neuenwalde. Die Klosterordnung wurde dann im Jahre 2004 völlig neu gefasst und den Gegebenheiten der Zeit angepasst.

Auch die äußeren Lebensbedingungen änderten sich im Laufe der Jahrhunderte: Während sich früher die Klosterdamen auf ein, zwei Räume beschränken mussten, bietet das Kloster heute jeder Bewohnerin ein eigene, abgeschlossene Wohnung mit eigenem Hausstand.

Sahnekaros

250 g Butter
6 EL saure Sahne
250 g Mehl
2 Eigelbe
100 g Hagelzucker

Mit dem Handrührgerät und dem Knethaken einen glatten Teig herstellen. Auf der Arbeitsplatte mit etwas Mehl eine Teigplatte in Größe des Back- blechs ausrollen. Die Teigplatte auf das mit Backpapier belegte Blech geben. Mit einem Kuchenrädchen oder Messer Rauten oder Karos schneiden. Die Karos mit verquirltem Eigelb bepinseln und dick mit Hagelzucker bestreuen. Bei 200° 20 Minuten goldgelb abbacken.

Minzblätter

120 g Butter
100 g Puderzucker
6 Täfelchen After eight
1 Eigelb
150 g Mehl
100 g Mandelblättchen

Aus allen Zutaten einen glatten Teig kneten (Hand- rührgerät). Den Teig zu zwei Rollen formen und kaltstellen. Mit einem mit Mehl bestäubten Messer dünne Scheiben schneiden, zu Blättern formen und auf ein mit Backpapier belegtes Blech legen. Im vor- geheizten Backofen bei 180° 10 Minuten abbacken.

Buttergebäck

220g Mehl
30g Speisestärke
120g Zucker
1 Päckchen Vanillezucker
1 Ei , 1 Eigelb
200g weiche Butter

Alle Zutaten in eine Schüssel geben, mit dem Handrührgerät einen Rührteig herstellen. Auf ein mit Backpapier belegtes Blech mit 2 Teelöffeln klei- ne Häufchen setzen (Abstand beachten). Backofen vorheizen, bei 180° 10-15 Minuten backen. Anmerkung: Ergibt ca. 50 Stück.

Müslikekse

1/8 l Speiseöl
120 g Zucker
1 Ei
75 g Mehl
150 g Müsli

Alle Zutaten mit dem Handrührgerät vermischen. Mit zwei Teelöf- feln kleine Häufchen auf ein mit Backpapier beleg- tes Blech setzen. Im vorgeheizten Backofen bei 175° 15Min. abbacken.

Engelstorte

250 g Butter, 150 g Zucker
4 Eigelbe, 1 Pr. Salz
250 g Mehl
2 TL Backpulver
4 Eischnee, 2 EL Zucker
1 P. Vanillezucker
etwas Zimt
100 g Mandelblättchen
1 EL Zitronensaft
200 g Orangensaft
4 EL Zucker
1 Eigelb
1 EL Zucker
1 EL Butter
11/2 TL Stärkemehl
3 Becher Sahne

Butter, Zucker, Eigelbe, Mehl und Backpulver zu einem Rührteig verarbeiten, in 4 Portionen teilen. Eischnee mit Zucker und Zimt zu einer Baisermasse schlagen. Den Boden einer Springform (28 cm Durchmesser) mit Backpapier auslegen. Eine Portion Teig auf den Boden streichen und eine Portion Baisermasse auf den Teigboden geben, mit Mandelblättchen und Zimtzucker bestreuen und abbacken (180°, 25 Min.).

3-4 Mal wiederholen. Den letzten Boden sofort in 12 Tortenstücke schneiden. Für die Füllung den Saft mit Zucker, Eigelb, Stärkemehl und Butter im Topf mit dem Handrührgerät aufschlagen und einmal aufkochen lassen. Die Sahne steif schlagen und mit der abgekühlten Zitronen-Orangen-Masse verrühren. Die Böden mit der Creme füllen, die Torte mit Sahne verzieren, den letzten Boden fächerartig auf die Torte setzen.

Saftiger Schokokuchen

150 g Vollmilchschokolade
100 g Zartbitterschokolade
180g Butter
6 Eier
350g Zucker
1 Vanillezucker
1 Orangen-Back
1 Pr. Salz
250g Mehl
3gestr. TL Backpulver
60g gehackte Pistazien
200g Zartbitterkuvertüre

Die Schokoladen und die Butter im Topf schmelzen lassen. Eier, Zucker und Gewürze in einer Rührschüssel mit dem Handrührgerät schaumig schlagen und das Butter- Schokoladengemisch dazugeben. Das Mehl mit dem Backpulver dazu sieben und kurz unterrühren. Zum Schluss die Pistazien unter den Teig heben. Den Teig in eine gefettete Napfkuchenform füllen und in den vorgeheizten Backofen bei 170° ca.50 Min. backen.

Den abgekühlten Kuchen mit der Kuvertüre überziehen.

Kreatives Dekorieren mit Kerzen

Kerzenlicht wirkt anheimelnd und warm. Wachskerzen gehören seit alters her zum Weihnachtsfest und natürlich zum Weihnachtsbaum. Die elektrischen Lichterketten haben es nicht geschafft, die echten Kerzen zu verdrängen, die sich in letzter Zeit wieder größerer Beliebtheit erfreuen.

Dabei sind die Gestaltungs- und Dekorationsmöglichkeiten mit Kerzen mannigfaltig. Während es früher nur schlichte Gestecke und Adventskränze gab, wird heute beliebig und vielfältig mit Kerzen unterschiedlichster Größe und Farbe improvisiert. Der Kreativität und Phantasie sind keine Grenzen gesetzt.

Landfrauen haben einige Beispiele zusammengestellt, die zeigen, wie vielfältig mit Kerzen und Licht geschmückt werden kann. Nehmen Sie es als Anregung und variieren Sie die gezeigten Dekorationen beliebig. Und wer auf den Geschmack gekommen ist und noch mehr Tipps für weihnachtliche Kerzen-Dekorationen haben möchte, kann einen der vielen Kurse besuchen, die die Landfrauenvereine anbieten. Fragen Sie einfach bei Ihrem Landfrauenverein vor Ort nach oder lassen Sie sich einen Ansprechpartner vom Kreisverband geben (Adressen finden Sie am Ende dieses Buches).

Die beleuchteten Kugeln zeigen, wie auch mit kleinen elektrischen Birnen Stimmung erzeugt werden kann. Das liegt besonders an dem farbigen Papier, mit dem die Plexiglaskugeln beklebt sind. Aus einem Dreiersatz solcher Kugeln lassen sich die Lämpchen leicht herstellen. Man benötigt eine Mini-Lichterkette, Bastelleim zum Bekleben und Japan-Seidenpapier. In die Kugel kleine Löcher schneiden, mit Seidenpapier bekleben und durch die Löcher die Lichterkette ziehen. Als Papierfarben eignen sich rot, weiß, grün oder silbern.

Die sogenannten Waldorf-Lichter werden aus geöltem Tonpapier hergestellt. Die Falttechnik ist kompliziert. Anleitungen gibt es bei Landfrauenvereinen und auch in Bastelbüchern. Die kleinen Lichter wirken besonders gut, wenn sie in Gruppen drapiert werden.

Teelichter in Gläsern wirken immer schön. Gut eignen sich auch Weckgläser, die vorher mit kleinen Sternen geschmückt werden können. Rund um die Glaslichter lassen sich wunderbar Tannengrün und auch Christbaumkugeln dekorieren.

Als Unterlage ein feuerfestes Tablett nehmen, darauf etwas Grün verteilen und alles mit roten, gelben oder grünen Kerzen in unterschiedlichen Formen und Größen belegen – schon ist ein ganz individueller Kerzenschmuck entstanden.

Auch hier dient ein Tablett als Untergrund. Darauf werden vier rote Kerzen verteilt und alles beliebig bunt geschmückt – möglichst mit Naturmaterialien wie Tannenzapfen, Nüssen, Äpfeln oder Blättern. Das Tablett kann den herkömmlichen Adventskranz ersetzen.

Erich Strittmatter

Der Weihnachtsmann in der Lumpenkiste

In meiner Heimat gingen am Andreastage, dem dreißigsten November, die Ruprechte von Haus zu Haus. Die Ruprechte, das waren die Burschen des Ortes, in Verkleidungen, wie sie die Bodenkammern und die Truhen der Altenteiler, der Großeltern, hergaben. Die rüden Burschen hatten bei diesen Dorfrundgängen nicht den Ehrgeiz, friedfertige Weihnachtsmänner zu sein. Sie drangen in die Häuser wie eine Räuberhorde, schlugen mit Birkenruten um sich, warfen Äpfel und Nüsse, auch Backobst, in die Stuben und brummten wie alte Bären: „Können die Kinder beten?"

Die Kinder beteten, sie beteten vor Furcht kunterbunt: „Müde bin ich, geh zur Ruh... Komm, Herr Jesu, sei unser Gast...Der Mai ist gekommen..." Lange Zeit glaubte ich, daß das Eigenschaftswort „ruppig" von Ruprecht abgeleitet wäre.

Wenn die Ruprechthorde die kleine Dorfschneiderstube meiner Mutter verließ, roch es in ihr noch lange nach verstockten Kleidungsstücken, nach Mottenpulver und reifen Äpfeln. Meine kleine Schwester und ich waren vor Furcht unter den großen Schneidertisch gekrochen. Die Tischplatte schien uns ein besserer Schutz als unsere Gebetchen zu sein, und wir wagten lange nicht hervorzukommen, noch weniger das Dörrobst und die Nüsse anzurühren.

Diese Verängstigung konnte wohl auch unsere Mutter nicht mehr mit ansehen, denn sie bestellte im nächsten Jahr die Ruprechte ab. Oh, was hatten wir für eine mächtige Mutter! Sie konnte die Ruprechte abbestellen und dafür das Christkind einladen.

Jahresdrauf erschien bei uns also das Christkind, um die Ruppigkeit der Ruprechte auszutilgen. Das Christkind trug ein weißes Tüllkleid und ging in Ermangelung von heiligweißen Strümpfen – es war im ersten Weltkrieg – barfuß in weißen Brautschuhen. Sein Gesicht war von einem großen Strohhut überschattet, dessen breite Krempe mit Wachswatte-Kirschen garniert war. Vom Rande der Krempe fiel dem Christkind ein weißer Tüllschleier übers Gesicht. Das holde Himmelskind sprach mit piepsiger Stimme und streichelte uns sogar mit seinen Brauthandschuhhänden. Als wir unsere Gebete abgerasselt hatten, wurden wir mit gelben Äpfeln beschenkt. Sie glichen den Goldparmänen, die wir als Wintervorrat auf dem Boden in einer Strohschütte liegen hatten. Das sollten nun Himmelsäpfel sein? Wir bedankten uns trotzdem artig mit „Diener" und „Knicks", und das Christkind stakte gravitätisch auf seinen nackten Heiligenbeinen in Brautstöckelschuhen davon.

Meine Mutter war zufrieden: „Habt ihr gesehen, wie's Christkind aussah?"

„Ja", sagte ich, „wie Buliks Alma, wenn sie hinter einer Gardine hervorlugt."

Buliks Alma war die etwa vierzehnjährige Tochter aus dem Nachbarhause. An diesem Abend sprachen wir nicht mehr über das Christkind.

Vielleicht kam die Mutter wirklich nicht ohne den Weihnachtsmann aus, wenn sie sich tagsüber die nötige Ruhe in der Schneiderstube erhalten wollte. Jedenfalls erzählte sie uns nach dem mißglückten Christkindbesuch, der Weihnachtsmann habe nunmehr seine Werkstatt

über dem Bodenzimmer unter dem Dach eingerichtet. Das war eine dunkle, geheimnisvolle Ecke des Häuschens, in der wir noch nie gewesen waren. Eine Treppe führte nicht unter das Dach. Eine Leiter war nicht vorhanden. Die Mutter wußte geheimnisvoll zu berichten, wie sehr der Weihnachtsmann dort oben nachts, wenn wir schliefen, arbeitete, so daß uns das Umhertollen und Plappern verging, weil sich der Weihnachtsmann bei Tage ausruhen und schlafen mußte.

Eines Abends vor dem Schlafengehen hörten wir den Weihnachtsmann auch wirklich in seiner Werkstatt scharwerken, und die Mutter war sicher dankbar gegen den Wind, der ihr beim Märchenmachen half.

„Soll der Weihnachtsmann Tag für Tag schlafen und Nacht für Nacht arbeiten, ohne zu essen?" Diese Frage stellte ich hartnäckig.

„Wenn ihr artig seid, ißt er vielleicht einen Teller Mittagessen von euch", entschied die Mutter.

Also erhielt der Weihnachtsmann am nächsten Tag einen Teller Mittagessen. Mutter riet uns, den Teller an der Tür des Bodenstübchens abzustellen. Ich gab meinen Patenlöffel dazu. Sollte der Weihnachtsmann mit den Fingern essen?

Bald hörten wir unten in der Schneiderstube, wie der Löffel im Teller klirrte. Oh, was hätten wir dafür gegeben, den Weihnachtsmann essen sehen zu dürfen! Allein die gute Mutter warnte uns, den alten wunderlichen Mann zu vergrämen, und wir gehorchten.

Von nun an wurde der Weihnachtsmann täglich von uns beköstigt. Wir wunderten uns, daß Teller und Löffel, wenn wir sie am späten Nachmittag vom Boden holten, blink und blank waren, als wären sie durch den Abwasch gegangen. Der Weihnachtsmann war demnach ein reinlicher Gesell, und wir bemühten uns, ihm nachzueifern. Wir schabten und kratzten nach den Mahlzeiten unsere Teller aus, und dennoch waren sie nicht so sauber wie der Teller des heiligen Mannes auf dem Dachboden.

Nach dem Mittagessen hatte ich als Ältester, um meine Mutter in der nähfädelreichen Vorweihnachtszeit zu entlasten, das wenige Geschirr zu spülen, und meine Schwester trocknete ab. Da der Weihnachtsmann sein Eßgeschirr in blitzblankem Zustande zurücklieferte, versuchte ich, ihm auch das Abwaschen unseres Mittagsgeschirrs zu übertragen. Es glückte. Ich ließ den Weihnachtsmann für mich abwaschen, und meine Schwester war nicht böse, wenn sie die zerbrechlichen Teller nicht abzutrocknen brauchte.

War's Forscherdrang, der mich zwackte, war's um mich bei dem Alten auf dem Dachboden beliebt zu machen, ich begann, ihm außerdem auf eigene Faust meine Aufwartung zu machen. Bald wußte ich, was ein Weihnachtsmann gern aß: Von einem Rest Frühstücksbrot, den ich ihm hinaufgetragen hatte, aß er nur die Margarine herunter. Der Großvater schenkte mir ein Zuckerstück, eine rare Sache in jener Zeit. Ich brachte das Naschwerk dem Weihnachtsmann.

Er verschmähte es. Oder mochte er es nur nicht, weil ich es schon angeknabbert hatte? Auch einen Apfel ließ er liegen, aber eine Maus aß er. Dabei hatte ich ihm die tote Maus nur in der Hoffnung hingelegt, er würde sie wieder lebendig machen; hatte er nicht im Vorjahr einen neuen Schweif an mein altes Holzpferd wachsen lassen?

Soso, der Weihnachtsmann aß also Mäuse! Vielleicht würde er sich auch über Heringsköpfe freuen. Ich legte drei Heringsköpfe vor die Tür der Bodenstube, und da mein Großvater zu Besuch war, hatte ich sogar den Mut, mich hinter der Lumpenkiste zu verstecken, um den Weihnachtsmann bei seiner Heringskopfmahlzeit zu belauschen. Mein Herz pochte aus den Ohren. Lange brauchte ich nicht zu warten, denn aus der Lumpenkiste sprang – murr, marau – unsere schwarzbunte Katze.

Ich schwieg über meine Entdeckung und ließ fortan meine Schwester den Teller Mittagessen allein auf den Boden bringen.

Bis zum Frühling bewahrte ich mein Geheimnis, aber als in der Lumpenkiste im Mai, da vor der Haustür der Birnbaum blühte, vier Kätzchen umherkrabbelten, teilte ich meiner Mutter dieses häusliche Ereignis so mit: „Mutter, Mutter, der Weihnachtsmann hat Junge!"

Aus: 3/4hundert Kleingeschichten 1971 © Aufbau Verlagsgruppe GmbH, Berlin
(Auf Wunsch des Aufbau Verlages wird hier die alte Rechtschreibung angewandt.)

DRITTE ADVENTSWOCHE

Wie soll ich dich empfangen

1. Wie soll ich dich emp - fan - gen und wie be - gegn ich dir,
o al - ler Welt Ver - lan - gen, o mei - ner See - len Zier?
O Je - su, Je - su, set - ze mir selbst die Fa - ckel bei,
da - mit, was dich er - göt - ze, mir kund und wis - send sei.

2. Dein Zion streut dir Palmen
Und grüne Zweige hin,
Und ich will dir in Psalmen
Ermuntern meinen Sinn.
Mein Herze soll dir grünen
In stetem Lob und Preis
Und deinem Namen dienen,
So gut es kann und weiß.

3. Was hast du unterlassen
Zu meinem Trost und Freud',
Als Leib und Seele saßen
In ihrem größten Leid?
Als mir das Reich genommen,
Da Fried' und Freude lacht,
Da bist du, mein Heil, 'kommen
Und hast mich froh gemacht.

4. Ich lag in schweren Banden,
Du kommst und machst mich los;
Ich stand in Spott und Schanden,
Du kommst und machst mich groß

Und hebst mich hoch zu Ehren
Und schenkst mir großes Gut,
Das sich nicht läßt verzehren,
Wie irdisch Reichtum tut.

5. Nichts, nichts hat dich getrieben
Zu mir vom Himmelszelt
Als das geliebte Lieben,
Damit du alle Welt
In ihren tausend Plagen
Und großen Jammerlast,
Die kein Mund kann aussagen,
So fest umfangen hast.

6. Das schreib dir in dein Herze,
Du hochbetrübtes Heer,
Bei denen Gram und Schmerze
Sich häuft je mehr und mehr.
Seid unverzagt! Ihr habet
Die Hilfe vor der Tür;
Der eure Herzen labet
Und tröstet, steht allhier.

Begegnungen im Advent

Maria freut sich über die göttliche Verheißung, dass sie Gottes Sohn zur Welt bringen soll. Für die junge, unerfahrene Frau bedeutet dies eine Wende in ihrem Leben. Voller Freude macht sie sich auf den Weg, um ihre ältere Verwandte Elisabeth zu besuchen.

Auch sie erwartet ein Kind, auch sie und ihr Mann Zacharias empfingen eine Verheißung: Ihr Sohn, Johannes, wird für Christus den Weg bereiten.

Als die Frauen sich begrüßen, hüpft das Kind in Elisabeths Leibe vor Freude. Und Elisabeth wird vom Heiligen Geist erfüllt.

Daraufhin stimmt Maria einen Lobgesang an: „Meine Seele erhebt den Herrn und mein Geist freut sich Gottes, meines Heilands." (Lk 1,46f)

Gottes Sohn kündigt sich an in dieser Welt. In den Liedern der Adventszeit wird etwas spürbar vom göttlichen Geheimnis der Menschwerdung. Sie geben der Freude Ausdruck, dass Gott die Welt verwandeln will. Hoffnungsschwanger trage ich mich mit dem Gedanken, Gottes Sohn will auch bei mir einkehren mit all seinem Heil und Segen – in mein Haus, in meinen Leib und in meine Seele.

Gott kommt zu mir, in meine kleine, unscheinbare Welt und erfüllt mein Herz mit seinem Heiligen Geist. Doch erst in der Begegnung mit anderen Menschen, die wie ich in dieser adventlichen Spannung leben, wird mir dies wirklich bewußt. Im gemeinsamen Singen und Hören der alten Überlieferungen, wird es mir jedes Jahr ein bisschen klarer: Christus will in mir geboren werden und in ihm erblicke ich das Licht der Welt!

Pastorin Haike Gleede
Kirchengemeinde Horstedt

Sonja Domröse

Die Boten zwischen Himmel und Erde

Gerade zur Weihnachtszeit sind Engel allgegenwärtig

Wer hat bloß die Engel aus der Welt verbannt, obwohl ich sie noch immer um mich spüre?" Das ist eine wichtige Frage für Alma, eine junge Frau, die eigentlich genug Grund hätte an der Welt zu verzweifeln. Ihre Suche nach Heilung, bei der sie immer wieder erlebt wie das Himmlische das Irdische durchdringt, beschreibt der niederländische Autor Cees Nooteboom eindrucksvoll in seinem Buch „Paradies verloren".

Auch wenn die Engel aus unserer manchmal so nüchternen Welt verbannt scheinen, in den Wochen vor Weihnachten sind sie allgegenwärtig. Es gibt sie in Holz und Gips, Papier und Porzellan. Mal mit Glitzer, mal ohne. Was sind Engel aber eigentlich? Nur Ausdruck unserer Sehnsucht nach Schutz und Geborgenheit, eben einer geheilten Welt?

Laut Auskunft der Bibel sind sie vor allem eines: Boten. So lautet auch die wortwörtliche Übersetzung des hebräischen Wortes für Engel. Sie vermitteln zwischen Gott und Menschen, sie verbinden Himmel und Erde. Sie sorgen dafür, dass Gott uns nahe kommen kann.

Dabei ist wichtig: Entscheidend für Engel ist nicht ihr Aussehen, sondern das, was sie tun. So erzählt die Bibel davon, dass Engel leiten und schützen, reden und begleiten, aber sich manchmal auch in den Weg stellen und kämpfen. Sie weisen stets über sich hinaus auf ihren göttlichen Auftraggeber. Sie sind eben echte Boten.

In der Bibel werden nur wenige Engel namentlich genannt. Der wohl bekannteste unter ihnen ist Gabriel, der Maria verkündet: „Siehe, du wirst schwanger werden und einen Sohn gebären, und du sollst ihm den Namen Jesus geben." (Lk. 1, 31) Daneben sind Michael und Rafael als Engelnamen bekannt. Gemeinsam ist den dreien, dass ihre Namen mit der Silbe – el enden, die im Hebräischen „Gott" bedeutet. Engel ohne Gott sind also nicht vorstellbar.

Die Berührung mit dem Göttlichen zu ertragen ist für Menschen eigentlich nicht möglich. Denn vor der absoluten Kraft der göttlichen Heiligkeit und Liebe kann niemand bestehen. Engel aber können diese Berührung möglich machen: „Fürchte dich nicht", sagen sie uns, „du hast Gnade bei Gott gefunden."

Maria und der Engel Gabriel im „Bauerndom" Lüdingworth.

Bibel-Zitate über Engel

„Wer unter dem Schirm des Höchsten sitzt und unter dem Schatten des Allmächtigen bleibt, der spricht zu dem Herrn: Meine Zuversicht und meine Burg, mein Gott, auf den ich hoffe. Denn er hat seinen Engeln befohlen, dass sie dich behüten auf allen deinen Wegen"
Aus Psalm 91, Ps. 91, 1-2.11

„Lobet den Herrn, ihr seine Engel, ihr starken Helden, die ihr seinen Befehl aus-richtet, dass man höre die Stimme seines Wortes!"
Aus Psalm 103, Ps. 103, 20

„Denn ich bin gewiss, dass weder Tod noch Leben, weder Engel noch Mächte noch Gewalten, weder Gegenwärtiges noch Zukünftiges, weder Hohes noch Tiefes noch eine andere Kreatur uns scheiden kann von der Liebe Gottes, die in Christus Jesus ist, unserem Herrn."
Der Apostel Paulus im Brief an die Römer, Röm. 8,9

„Wenn ich mit Menschen- und mit Engels-zungen redete und hätte die Liebe nicht, so wäre ich ein tönendes Erz oder eine klin-gende Schelle."
Der Apostel Paulus im 1. Brief an die Korinther, 1. Kor. 13,1

„Gastfrei zu sein, vergesst nicht; denn da-durch haben einige ohne ihr Wissen Engel beherbergt."
Aus dem Hebräerbrief, Hebr. 13,2

Peter von Allwörden

Oh Tannebaum, oh Tannebaum…

Zur Geschichte und Bedeutung der Christbaum-Tradition

Es ist für viele Menschen der Höhepunkt des Heiligen Abends, wenn das Zimmer mit dem Tannenbaum betreten wird und die Kerzen den Raum schummerig erleuchten. Unter den immergrünen Zweigen sind Geschenke dekoriert. Nicht nur die Kinderaugen leuchten in diesem Moment der Feierlichkeit, die seit Jahrhunderten durch diesen Brauch geprägt wird.

Dabei sind der Baum und seine Verehrung gar nicht christlichen Ursprungs. In indogermanischen Mythen schon wird der Lebensbaum zum Symbol volkstümlicher Spiritualität. Selbst damals wurde er schon zum Mitwinterfest mit Äpfeln oder Nüssen geschmückt. Auch im frühen Christentum wird der biblische Paradiesbaum verehrt. Deshalb wird in manchen Gegenden der Christbaum auch heute noch als Paradiesbaum bezeichnet. Als vor gut 400 Jahren der Tannenbaum zur Weihnachtszeit erstmals auftauchte, verbanden sich quasi die heidnischen mit den christlichen Vorstellungen. Immer wieder wird die Weihnachtsbaum-Sitte auch von der Kirche und

Theologen in Frage gestellt. Heute allerdings ist die geschmückte Tanne Bestandteil jedes christlichen Weihnachtsgottesdienstes. Schon im frühen 16. Jahrhundert wird der Tannenbaum im Elsass in alten Quellen belegt. In Norddeutschland, genauer in Bremen, wird in einer alten Zunftchronik erstmals ein kleiner geschmückter Tannenbaum genannt. Die Kinder der Zunftmitglieder durften – so die Überlieferung – an dem Bäumchen schütteln und die herunterfallenden Leckereien wie Datteln, Äpfel oder Nüsse aufsammeln. Das war im Jahr 1570.
Wenig später – im Jahre 1611 – wird erstmals ein mit Kerzen erleuchteter Weihnachtsbaum erwähnt: Bei der schlesischen Herzogin Dorothea Sybille sollen bei der Silvesterfeier im Festsaal mehrere grüne Tannen mit hunderten Wachslichtern gestanden haben. Überhaupt waren es vor allem die Aristokraten, aber auch die Zunft- und Patrizierhäuser, die im 17. und 18. Jahrhundert für eine Verbreitung des Tannenbaums und seinen weltweiten Siegeszug sorgten.
Durch die Auswanderungswelle nach Amerika kam der Christbaumbrauch auch

schnell in die neue Welt. Eine elsässische Familie soll ihn dort 1861 eingeführt haben. 1891 stand ein Lichterbaum erstmals vor dem Weißen Haus in Washington. Die Weihnachtstanne gehörte mehr und mehr in die Haushalte der Amerikaner. Aber auch in Europa verbreitete sich der Christbaum seit Anfang des 20. Jahrhundert rasant in den Familien. In Deutschland und vielen anderen europäischen Ländern gehört der geschmückte und beleuchtete Tannenbaum seitdem zum festen Bestandteil des Weihnachtsfestes. Mit zunehmendem Wohlstand und dem Bevölkerungswachstum stieg auch die Zahl der Weihnachtsbäume kontinuierlich an. Der Bedarf wurde immer größer, so groß, dass sich daraus heute ein Wirtschaftszweig entwickelt hat. Alleine auf dem deutschen Markt werden in jedem Jahr rund 24 Millionen Tannenbäume gekauft. Das entspricht bei einem Durchschnittspreis von 20 Euro einem Umsatzvolumen von 500 Millionen Euro.
Etwa zehn Jahre dauert es, bis aus einem kleinen

Weihnachtsbaum in der Fabian- und Sebastian-Kirche zu Beverstedt

Weihnachtsbaumverkauf auf Gut Kuhla

Weihnachten auf See

einer der größten Tannenbaumproduzenten in Europa. Vor allem wird die Aufzucht dort sehr professionell betrieben: Die rund 4000 Produzenten in dem kleinen skandinavischen Land bewirtschaften einen Bestand von 175 Millionen Tannen. Hier wird überwiegend die beliebte und am meisten verbreitete Nordmanntanne produziert und auch exportiert. Das weltweit größte Forschungsinstitut für die Produktion von Weihnachtsbäumen liegt denn auch in Kopenhagen.

In Deutschland hängen etwa 100.000 Saison- und Dauerarbeitsplätze an der Produktion von Weihnachtstannen. Hinzu kommen jedes Jahr weitere 50.000 Saisonjobs in den drei Wochen vor Weihnachten, in denen der Verkauf der schmucken Traditionsbäume stattfindet. Besonders erfreulich sei es, heißt es vom Nordmanntanne-Informationszentrum im schleswig-holsteinischen Talkau bei Hamburg, dass die qualitativ hochwertigen Naturbäume nachgefragt werden. Die Billigtanne aus dem Verbrauchermarkt habe sich ebenso wenig am Markt durchgesetzt wie der künstliche Weihnachtsbaum.

Setzling ein ansehnlicher Baum von zwei Metern Höhe wird. So reichen die rund 250 Millionen Christbäume unterschiedlichen Alters, die in Deutschland auf rund 75.000 Hektar Fläche angepflanzt sind, aus, um den jährlichen Bedarf zu decken. Auf einem Hektar wachsen knapp 4000 Bäume. Rund 12.000 Produzenten von Weihnachtsbäumen gibt es in Deutschland. Viele betreiben die Tannenproduktion als einen Betriebszweig in der Landwirtschaft oder auch im Nebenerwerb. Neben Deutschland ist Dänemark

Wissenswertes über den Tannenbaum

Im Rockefeller Center in New York steht einer der größten und prachtvollsten Weihnachtsbäume der Welt. Mit seinen 27.000 Lichtern, die durch sieben Kilometer Kabel miteinander verbunden sind, taucht er die Fifth Avenue zur Freude der New Yorker, die ihren Baum als zweites Wahrzeichen neben der Freiheitsstatue sehen, in ein gigantisches Lichtermeer.

Immer mehr Produzenten von Weihnachtsbäumen verzichten auf den Einsatz von Unkrautvernichtungsmitteln. Stattdessen setzen sie Shropshire-Schafe ein, die für die Kulturenpflege verbreitet sind. Auch erleben Pferde als Arbeitstiere in Tannenschonungen eine Renaissance. Sie ziehen den Bodenstriegel, mit dem mechanisch das Unkraut bekämpft wird.

Die Nordmanntanne gehört zu den beliebtesten Weihnachtsbäumen in Europa. Grund: Sie hat ein dichtes, dunkelgrünes Nadelbild, nadelt kaum und ist lange haltbar. Weiterer Vorteil: Die Nordmanntanne piekst nicht. Der Ursprung der Tannenart liegt im Kaukasus, wo das Klima des Schwarzen Meeres ideale Wachstumsbedingungen bietet.

Viele Produzenten und Händler von Christbäumen sorgen mittlerweile für Ambiente und ein Einkaufserlebnis bei der Wahl des Tannenbaumes, die bei vielen Familien großgeschrieben wird. Dazu gehört an erster Stelle eine fachmännische Beratung. Vielfach wird aber beim Tannenbaumeinkauf auch ein Glas Punsch oder eine weihnachtliche Leckerei angeboten. Manche Produzenten offerieren sogar die Möglichkeit, in der Schonung die Tanne selbst zu schlagen.

Früchte, Zuckerwerk und Lebkuchen gehören seit alters her zum beliebten Weihnachtsbaumschmuck. Die heute verbreiteten Weihnachtskugeln, die ursprünglich aus den Glasbläsereien Thüringens und Böhmens kamen, gibt es etwa seit Anfang des 19. Jahrhunderts. Verbreitet sind seitdem auch die Christbaumspitzen. Als der am schönsten geschmückte Weihnachtsbaum der Welt gilt der im Metropolitan Museum of Art in New York, der das ganze Jahr über zu sehen ist. Er ist mit 140 kunstvoll gefertigten Figuren einer italienischen Weihnachtskrippe verziert.

Weihnachten auf See – fernab von Familie und trautem Heim – ist für viele Seeleute auch aus der Region oft eine harte Zeit. Ein Tannenbaum kann deshalb auch auf Schiffen für weihnachtliche Atmosphäre sorgen. So ist es schon längst Tradition geworden, dass auf Schiffen, die über Weihnachten im Hamburger Hafen liegen, vom Informationszentrum Nordmanntanne kostenlos Christbäume verteilt werden.

Das Informationszentrum Nordmanntanne mit Sitz in Talkau bei Hamburg, das auch für diesen Buchbeitrag wichtige Informationen und Bilder beigesteuert hat – dafür ausdrücklichen Dank –, hat die Aufgabe, Händler und Produzenten mit Werbematerial sowie Medien mit wichtigen Informationen rund um den Christbaum zu versehen. Mehr Informationen zum Thema: Nordmann Informationszentrum, Breitenende 1, 21493 Talkau, Tel.: 04156 / 820111 oder: www.original-nordmann.de

Rouladen mit Äpfeln und Backpflaumen

4-6 Rouladenscheiben vom Rind
etwas Pfeffer und Salz
2 EL Senf
2 EL Ketchup
4-6 Scheiben geräucherter Speck
1 Zwiebel
2 Äpfel
4-6 Backpflaumen
2 EL Butterschmalz zum Braten
3/8 l Wasser
200 g Schmand
2 EL Mehl oder Soßenbinder

Die Rouladenscheiben auf die Arbeitsplatte legen, pfeffern, salzen und mit Senf und Ketchup bestreichen. Speck, Apfelspalten, Backpflaumen und Zwiebelringe verteilen und die Rouladen fest aufrollen. Mit Zahnstochern, Rouladenklammern oder Zwirn fixieren. Butterfett im Schmortopf erhitzen und die Rouladen gleichmäßig braun braten. Mit Wasser auffüllen, Schmand dazugeben und alles ca. 90 Min. schmoren. Den Fond auf 3/8 Liter auffüllen, mit Soßenbinder oder mit angerührter Wasser-Mehl-Mischung einmal aufkochen lassen. Eventuell mit Salz und Pfeffer nachwürzen.

Mousse au Chocolat

300 g Sahne
2 Eier
2 EL Zucker
150 g Halbbitterschokolade
etwas Kakao

Die Sahne sehr steif schlagen. Die Eier trennen und den Eischnee mit 1 TL Zucker steif schlagen, Eigelb mit etwas Zucker dickflüssig schlagen. Die Schokolade in der Mikrowelle oder im Wasserbad schmelzen. Alle Zutaten vorsichtig mit einem Schneebesen vermengen und in einer Schale fest werden lassen. (Die Schokolade bindet beim Abkühlen die Masse.) Kleine Portionen auf einem großen flachen Teller mit süßen Orangenscheiben oder Kirschen anrichten. Darüber etwas Kakao stäuben.

Handarbeiten geben der Wohnung Flair

Mit Deckchen, kleinen Figuren, Schleifen oder sternenförmigen Unterlagen lassen sich Küche und Wohnzimmer wunderschön dekorieren. So bekommt die Wohnung vorweihnachtliches Flair. Auch ein festlich gedeckter Tisch bekommt durch entsprechenden Tischschmuck erst die richtige Ausstrahlung.

So sind denn auch die Dekorations- und Handarbeitstipps auf dieser Seite als Anregung und nicht als konkrete Anleitungen gedacht. Welche Stoffe und Formen Sie auch wählen – auch hier sind Ihrer Phantasie und Ihrem persönlichen Geschmack keine Grenzen gesetzt. Voraussetzung ist aber schon ein gewisses handarbeitliches Geschick. Vor allem sollten Sie nähen können.

Schnittmuster und Anleitungen etwa für Patchwork-Nähereien bekommen Sie im Handarbeits- oder Bastelgeschäft. Ansonsten gilt auch hier: Besuchen Sie einen der vielen Kurse, die die Landfrauenvereine anbieten. Fragen Sie einfach bei Ihrem Landfrauenverein vor Ort nach oder lassen Sie sich einen Ansprechpartner über den Kreisverband geben (Adressen finden Sie am Ende dieses Buches).

Als Äpfel geformt und genäht sind diese bunten Stoffe – weihnachtlich in rot und grün gehalten. Gefüllt sind die Duftäpfel mit Watte, beträufelt mit einigen Tropfen Weihnachtsduft. Sie lassen sich relativ einfach zuschneiden und bieten sich als Tischdekoration an.

Patchwork sieht immer originell und individuell aus. Es lassen sich, wie bei diesem Wandteppich, die unterschiedlichsten Motive nähen und zuschneiden – egal ob Weihnachtsmann, Stern oder Tannenbaum. Die Schlichtheit der Motive spricht auch Kinder an.

Deckchen in allen Variationen und Farben sind schnell und leicht genäht. Auch Stoffreste können hier gut verwertet werden. Sie eignen sich ebenso als Unterlage für Weihnachtsdekorationen als auch für Tischsets beim festlichen Mahl.

Gefilzt sind diese kleinen Weihnachtsmänner, Weihnachtsengel oder -wichtel – je nach dem, was man in die stilisierte Form hineininterpretieren möchte. Sie lassen sich allein mit Zweigen auf Regalen oder Fensterbänken anrichten, passen aber auch in ein ganzes Ensemble von Weihnachtsfiguren.

Der klassische Adventskranz lässt sich gut mit bunt-weihnachtlichen Schleifen dekorieren. Die Schleifenbänder sind einfach zu nähen und um den Kranz zu binden. Bei einem hängenden Adventskranz sollten die Aufhänger aus dem gleichen Stoff sein.

Josef Reding

Mister Larrybees Leuchtturm

Der Tag versuchte sich an der Klippe festzuhalten. Alle verbliebene Helle sammelte sich in der Gischt der Brandung. Dann trieb eine Welle das letzte Weiß gegen den Strand, wo die starke Nacht schon auf der Lauer lag, es zu verschlucken. Es gelang ihr nicht ganz; die Scheinwerfer eines Motorbootes schnitten Streifen aus der Dunkelheit.

Das Boot drängte sich gegen die Klippe, aus der schlank der Leuchtturm von Skarvetange wuchs, der tote Leuchtturm.

Ein Matrose setzte mit behänder Flanke über die Reling, zog das Drahtseil durch einen Stahlring. Ein zweiter schob von Bord eine schmale Gangway auf die Klippe. „Bitte, Mister Larrybee!" sagte er.

Der rundliche Mann in dem großkarierten Mantel knurrte nur: „Die Koffer."

„Geht in Ordnung!" sagte der Matrose. „Zwei sind schon oben. Der dritte wird von Tim hinaufgebracht."

„Na, ja!" sagte Mister Larrybee und legte einen Schein in die Hand des Matrosen.

„Danke!" sagte der Matrose und schob die Banknote in die Tasche. Er hatte sie gar nicht erst angesehen. Sonderlinge geben reiche Trinkgelder. Vorsichtig trippelte der Großkarierte über den Laufsteg. Erst als er auf der Klippe stand, kam der zweite Matrose ebenfalls herüber, den weinroten Lederkoffer in der Hand.

„Hier, Tim!" sagte er zu seinem Kameraden.

„Darf ich vorangehen, Mister Larrybee?" fragte der Matrose Tim, ließ die Stablampe aufgrellen und übernahm mit der freien Rechten den Koffer.

„Aber nein!" wehrte Mister Larrybee ab. Er war freundlich dabei. „Hier bin ich Hausherr. Und ich zeige Ihnen den Weg."

Der Großkarierte übernahm die Taschenlampe und ächzte sich die Stufen hinauf. Obgleich einige Plattformen zum Verschnaufen einluden, blieb Mister Larrybee nicht eher stehen, bis er die Stahltür mit der Aufschrift „Öllager" erreicht hatte. Der Matrose schlug die Riegel zurück. Der Strahl der Lampe tastete sich durch den Raum. Jetzt knipste Mister Larrybee den Leuchtstab aus. Er brauchte ihn nicht mehr.

Im Raum bullerte ein großer Kanonenofen. Tim hatte die obere Klappe geöffnet und so den kajütenartigen Raum mit einem wohligen Rot erhellt.

Für Minuten stand Mister Larrybee wie gebannt. Er ließ seine Blicke vom Klubsessel über den schafwollenen Teppich, vom Bücherregal auf die Konservendosen, von den Rumflaschen auf das Klappbett gleiten. „Wir haben den Ofen schon vor einer Stunde angemacht, als wir die beiden Koffer raufbrachten. Die anderen Dinge, der Teppich und so, die sind schon seit zwei Wochen hier. Wie Sie es haben wollten. Alles nach Skizze gestellt. Ist' s so recht?"

„Ja", sagte Mister Larrybee.

„Und Sie wollen wirklich niemanden bei sich haben?"

„Nein!"

„Alles selbst machen, kochen und….?"

„Ja!"

„Na, dann…!" stotterte der Matrose, „dann holen wir Sie am Tag nach Neujahr wieder ab, wie Sie angeordnet haben!" „Gut!" sagte Mister Larrybee.

Der Matrose Tim wollte noch etwas sagen, aber er schluckte es hinunter, zuckte mit den Schultern und sagte, so laut er es vermochte – und er vermochte es sehr laut -: „Fröhliche Weihnachten!" „Ja, fröhliche Weihnachten", sagte Mister Larrybee trocken.

Rückwärts ging der Matrose aus dem Raum. Erst draußen wagte er es, mit dem Kopf zu schütteln.

Mister Larrybee stand noch so lange unbeweglich, bis das Motorboottuckern nicht mehr zu ihm heraufdrang. Dann ließ er sich schwer in den Klubsessel vor dem wütenden Kanonenofen fallen, öffnete den Kragen und sagte mit behaglichem Stöhnen: „Endlich!"

Wenn man es recht betrachtete, hatte Mister Larrybee sich den Leuchtturm bei Skarvetange nur wegen der fünfhundert Weihnachtskarten gekauft. Dabei muss man wissen, dass dieses halbe tausend Grußkarten bereits aus dem sechsfachen Wust von drei Sekretärinnen ausgesiebt war. In diesem Berg, den Mister Larrybee nicht zu Gesicht bekam, verblieb alles Gedruckte, und war es auch mit Goldbuchstaben auf handgeschöpftes Büttenpapier gepresst. Dennoch: mit unheimlicher Beständigkeit blieben allweihnachtlich etwa fünfhundert Karten, Briefe und Bilderbücher übrig, die handgeschrieben waren. Die Universität Boston, Massachusetts, entbot beispielsweise ihrem hochherzigen Stifter zum diesjährigen Weihnachtsfest die untertänigsten Wünsche. Zu Papier gebracht vom Dekan, Prof. Grandteeth, Ph.D.,M.S.L. Oder aus dem großen Kreis der Neffen und Nichten kamen Briefe wie dieser: „Hallo, Onkel, altes Huhn! Ich wünsche Dir zwanzig Pfund Gewichtsabnahme zum Fest und mir einen Scheck von mindestens vierhundert Eiern (bin in Druck!). Dein Dich liebender Neffe Charly!" – Oder – in parfümiertem Umschlag -: „Deine alte Jugendliebe Olga in Shentenham denkt immer an Dich! Mit gleicher Post ein gehäkeltes Stuhlkissen!"

Die Sekretärinnen konnten nicht umhin, derartige Grüße, Wünsche und Bitten für Mister Timothee Larrybee zu bündeln und sie ihm am Morgen und Mittag des Vorweihnachtstages auszuhändigen: sieben dicke Ledermappen voller Egozentrik, mit Bumeranggrüßen – so nannte sie Timothee Larrybee -, die nicht viel anders hießen als: „Ich bin noch da!"

Außer der zeitlichen Last persönlicher Beantwortung – Namenszug unter Schecks zumeist – ärgerte den Herrn der „Brackley-Rubber" vor allem die Zumutung des Kitsches: Engelchen in puddingsüßem Rosa, schnapsnäsige Weihnachtsmänner und Tannenbäume in Leuchtfarbe. Und als sich in diesem Jahr der erste Reklamespruch auf Weihnachten bezog – das geschah schon Anfang Oktober -, wusste Mister Larrybee mit einem Mal, dass er an diesem Fest der

Welt den Rücken kehren würde. Nein, nicht etwa durch Selbstmord, sondern durch Flucht. Er hatte in einem Prospekt der Cunningham-Immobilien gelesen, dass zwei Leuchttürme an der Nordküste im September außer Dienst gestellt würden und zum Verkauf freistünden. Feuerschiffe und Radargeräte hatten die alten Steinriesen für die Seefahrt überflüssig gemacht. Ein Anruf Mister Larrybees bei den Maklern genügte, um sich den einsamsten Turm bei Skarvetange in Erbpacht zu sichern. Mister Larrybee war sogar bereit, sein Angebot beträchtlich zu erhöhen, als ihm mitgeteilt wurde, dass er in Konkurrenz mit einem Hotelier stand. Zwei Tage später lag in Larrybees Safe die Pachturkunde.

Alles andere war rasch erledigt. Im Oktober ließ sich Mister Larrybee nach Skarvetange bringen, das Öllager ausräumen und nach seiner Skizze wohnlich machen. Sowenig wie möglich sollte moderne Maschinerie in den toten Leuchtturm Einzug halten: keine Zentralheizung, kein Radio, kein Telefon. Mister Larrybee wollte zu Weihnachten allein sein. Er wollte zu sich selbst kommen.

Die beiden letzten Abwicklungsgeschäfte erledigte er vor fünf Tagen. Es gingen einige tausend Karten in Druck: „Bedaure sehr, nicht persönlich auf Ihre Grüße eingehen zu können. Bin erst Anfang nächsten Jahres wieder im Land. Wichtige Punkte Ihres Briefes hoffe ich im Laufe der nächsten Monate erledigen zu können. Gezeichnet: Timothee Larrybee, Brackley-Rubber!"

Und dann packte er eine Blockflöte in den Koffer und einen Packen Noten. Außerdem eine Reihe von Büchern, die er schon seit Jahrzehnten lesen wollte. Hinzu kamen zwei Kisten jener Zigarren, die der Arzt ihm verboten hatte, weil sie zu schwer, schwarz und naß waren.

Von einer dieser Zigarren entfernte Mister Larrybee jetzt die Zellophanhülle, setzte den Abschneider an das Mundstück und drückte zu. Er hielt einen Fidibus ins Ofenfeuer und zündete die Brasil sehr langsam an.

Als herber, kräftiger Duft im Raum stand, füllte Mister Larrybee Kohlen nach und stellte den Aluminiumtopf auf die glühende Platte des Kanonenofens.

„Was ist das nun, Weihnachten?" fragte sich Mister Larrybee laut. „Vielleicht war es durch die Karten, die ich zu schreiben hatte, in den letzten Jahren verschüttet worden." Und er denkt, weil er sich schämt, es laut zu sagen: Vielleicht kommt etwas von jenem Weihnachten bei uns zurück, wenn ich auf meiner alten Blockflöte spiele?

Mister Larrybee legt die Zigarre behutsam auf einen Kohlebrocken und lässt die Schlösser des Koffers neben dem Stapel Konservendosen aufschnappen. Dann rückt er mit der braunen Flöte wieder vor das Feuer.

Als das alte Lied unter seinem Mund und den Fingern ersteht, überall hinklettert – in die Taschen des großkarierten Mantels an der Wand, in das Feuer und in des Mannes Herz -, setzt Mister Larrybee die Flöte ab. Er spürt, dass jetzt keine Freude bei ihm ist, sondern Wehmut.

Das kann doch nicht Weihnachten sein! denkt Mister Larrybee, nimmt die Zigarre, deren weiße Asche mehr geworden ist, von der Kohle herunter und legt statt dessen die Flöte dort hinauf.

Seine Hand tastet sich zu einer der Rumflaschen, als ihn ein Ruf zurückfahren lässt:

„Old Bernhard, frohe, gnadenreiche Weihnacht!"

Mehrere Männer müssen es von draußen gerufen haben, im Chor. Old Bernhard! So heiße ich doch gar nicht, fällt es Mister Larrybee erst jetzt ein. Ob die Matrosen zurückgekehrt sind und sich einen Spaß mit ihm machen wollen? Da soll doch der…

„Old Bernhard, gesegnetes Fest, du bis de Best!"

Mister Larrybee nimmt die Taschenlampe und eilt die Treppen hinunter, so schnell, dass ihm von den ständigen Drehungen ein wenig schwindelt. Aber die sternklare Nacht, in deren Mitte er mit einem Mal steht, bringt wieder Schärfe und Wachheit in sein Hirn. Timothee Larrybee sieht: drei Männer in dicken Mänteln. Zwei ziehen soeben ein Ruderboot auf die Klippe. Der dritte leuchtet ihnen mit einer Sturmlaterne. Jetzt kommen alle drei auf Mister Larrybee zu.

„Na, old Bernhard!" lacht der mit der Laterne. „Ist noch frischer heut nacht als im vorigen Jahr. Aber wir haben das Buch, und du hast den Grog, alte Haut! Das wird uns – hallo, ist gar nicht old Bernhard!"

Verblüffung, ja Enttäuschung steht kalt zwischen den Männern, den dreien am Boot und dem einen vor dem Leuchtturm.

„Ist was passiert?" fragt jetzt einer, der ein Paket unter den Arm geklemmt trägt. „Wir wunderten uns schon, dass das Leuchtfeuer nicht brannte. Aber da das Öl knapp ist, dachten wir, das sei die Ursache. Ist etwas mit – mit – old Bernhard?"

„Ich weiß nicht!" sagt Mister Larrybee. „Der Turm ist auf den Seekarten gelöscht. Ich habe ihn gepachtet."

„Dann ist old Bernhard in Hursdulb, bei seinem Sohn!" sagt der Mann mit der Laterne, und alle drei atmen auf, nein, alle vier, denn auch Mister Larrybee war erschrocken. „Wir gehen wieder", sagt der Mann mit dem Paket und dreht sich zum Boot.

„Ich lade Sie ein, zu – zu einem Grog!" sagt Mister Larrybee schnell. „Old Bernhard hätte Ihnen gewiß auch einen gegeben, nicht wahr?"

„Tja, das hat er getan. Jeder Jahr. Aber ob Sie - -?"

„Larrybee heiße ich, Timothee Larrybee! Bitte seien Sie meine Gäste!"

„Jack!" stellt sich der mit der Laterne vor. „Zachary", sagt der mit dem Paket. „Bill", der dritte.

Die Gäste sind nicht sehr überrascht, als Timothee Larrybee sie in die neu eingerichtete Ölkammer führt.

„Büschen verändert!", sagt Zachary mit dem Paket, und die drei setzen sich auf den dicken Teppich. „Dann wollen wir mal!"

„Sofort!" sagt Timothee Larrybe und geht zum Ofen, auf dem sich der Topf leise regt.

„Meinte ich nicht!" ruft Zachary den Gastgeber zurück.

„Kommt nacher! Erst das andere."

Gehorsam kommt Timothee Larrybee zurück und setzt sich ebenfalls auf den Teppich. Er sieht nun, dass es kein Paket ist unter dem Arm Zacharys, sondern ein Buch.

Jack stellt die Sturmlaterne neben das Buch. Zachary schlägt es an einer Stelle, die durch einen dicken, roten Wollfaden bezeichnet ist, langsam auf und liest:

„In jenen Tagen erging ein Erlaß des Kaisers Augustus, das ganze Land sei aufzunehmen. Dies war die erste Aufzeichnung, die unter Cyrenius, dem Statthalter von Syrien, stattfand. Alle gingen hin, sich aufzeichnen zu lassen, ein jeglicher in seine Vaterstadt. Auch Joseph begab sich…!"

Ich hatte es vergessen, denkt Timothee Larrybee und ist traurig. Nicht traurig über diese Stunde, sondern über die letzten zwei Jahrzehnte, in denen er nicht mehr an dieses Buch, nicht mehr an dieses Kapitel gedacht hatte.

Ich habe nicht mehr gewusst, wo Weihnachten ist, denkt Timothee Larrybee. Die bunten Karten hätten mir nichts anhaben können, wenn ich es gewusst hätte. Diese Flucht in den Leuchtturm wäre eine Sackgasse gewesen ohne Zachary mit dem Buch und Jack mit dem ruhigen Licht und Bill mit dem Lächeln im bärtigen Antlitz. Und Timothee Larrybee hört weiter:

„In derselben Gegend waren Hirten auf dem freien Felde; sie hielten nachts Wache bei ihrer Herde. Da stand der Engel des Herrn vor ihnen, und die Herrlichkeit Gottes umstrahlte sie, und sie fürchteten sich sehr. Der Engel sprach zu ihnen: „Fürchtet euch nicht. Seht, ich verkünde euch eine große Freude, die allem Volke zuteil wird. Heute ist euch in der Stadt Davids der Heiland geboren, Christus, der Herr."

Timothee Larrybee denkt: heute. Das ist es. Ich hatte geglaubt, es sei schon zweitausend Jahre her. Darum hatte ich Furcht.

„…Die Hirten kehrten heim und lobten und priesen Gott für alles, was sie vernommen und gesehen hatten, so wie es ihnen gesagt war."

Lange schweigt Timothee Larrybee. Dann sagt er: „Habt ihr jedes Jahr mit old Bernhard diese Worte gelesen?"

„Ja!", sagt Jack. „Dann hatte er wieder die Kraft, ein ganzes langes Jahr allein hier zu sein, allein auf diesem Turm. Allein mit sich, den winzigen Silhouetten der Schiffe am Horizont. Allein mit diesem Buch."

„Ein ganzes Jahr", wiederholt Timothee Larrybee leise.

„Ein ganzes Jahr Kraft. Das ist viel. Lies es bitte noch einmal, Jack, das, was der Engel zu den Hirten sagt!"

„Fürchtet euch nicht…!" Timothee Larrybee steht vom Teppich auf.

„Bleibt bei mir", sagt er, „solange ihr könnt!"

„Den Weihnachtstag noch", ist Jack einverstanden.

Timothee Larrybee geht zu der Zigarrenkiste. Als er sie seinen Freunden anbietet, nehmen sie jeder eine Zigarre, zerschneiden sie mit ihren Taschenmessern säuberlich und pressen den Tabak in ihre Pfeifen. Auf dem Kanonenofen ruft das kochende Wasser.

VIERTE
ADVENTSWOCHE

Kinder vor dem Christkindpostamt Himmelpforten

Morgen, Kinder, wird's was geben

Mor-gen, Kin-der, wird's was ge-ben, mor-gen wer-den wir uns freun!
Welch ein Ju-bel, welch ein Le-ben wird in un-serm Hau-se sein!

Ein-mal wer-den wir noch wach, hei-ßa dann ist Weih-nachts-tag.

1. Morgen, Kinder, wird's was geben,
Morgen werden wir uns freu'n!
Welch ein Jubel, welch ein Leben
Wird in unsrem Hause sein!
Einmal werden wir noch wach,
Heißa, dann ist Weinachtstag!

2. Wie wird dann die Stube glänzen
Von der großen Lichterzahl!
Schöner als bei frohen Tänzen
Ein geputzter Kuppelsaal!
Wißt ihr noch, wie voriges Jahr
Es am Heiligen Abend war?

3. Wißt ihr noch die Spiele, Bücher
Und das schöne Schaukelpferd,
Schöne Kleider, woll'ne Tücher,
Puppenstube, Puppenherd?
Morgen strahlt der Kerzen Schein,
Morgen werden wir uns freu'n.

4. Wißt ihr noch mein Räderpferdchen,
Malchens nette Schäferin,
Jettchens Küche mit dem Herdchen
Und dem blankgeputzten Zinn?
Heinrichs bunten Harlekin
Mit der gelben Violin?

5. Wißt ihr noch den großen Wagen
Und die schöne Jagd von Blei?
Unsre Kinderchen zum Tragen
Und die viele Nascherei?
Meinen fleiß'gen Sägemann
Mit der Kugel unten dran?

6. Welch ein schöner Tag ist morgen!
Neue Freuden hoffen wir.
Unsere guten Eltern sorgen
Lange, lange schon dafür
O gewiß, wer sie nicht ehrt
Ist der ganzen Lust nicht wert.

Text : Philipp von Bartsch (1770-1833), Musik: Carl Gottlieb Hering (1809)

Vorfreude ist die schönste Freude

Es gibt verschlossene Türen, hinter denen das Glück auf uns wartet, und es ist wunderschön, mit Spannung diesem Glück entgegen zu gehen. Der vierte Advent ist ein solcher Tag der Vorfreude. Wir zünden die letzte Kerze am Adventskranz an. Bald ist es so weit. Weihnachten steht vor der Tür. Durch die Ritzen strahlt schon mächtig die Weihnachtsfreude, aber die Tür ist noch verschlossen. Wir haben noch Zeit zu warten und uns darauf zu freuen, dass Gott als kleines Kind zu uns auf die Erde kommt.

„Freut euch, freut euch immerzu", lautet das Motto des vierten Advents. „Freut euch mit der Freude, die von Gott kommt. Denn der Herr kommt bald."

Vorfreude ist die schönste Freude – sagt der Volksmund. Ich kann das bestätigen. Anderen eine Freude zu machen, erfüllt mich mit Vorfreude. Die Vorbereitungen zu einem großen Fest lassen die Freude auf das Fest noch wachsen. Geduldig warten zu können, steigert die Freude auf den eigentlichen Höhepunkt. In der Adventszeit freue ich mich, dem Fest der Geburt Jesu Schritt für Schritt näher zu kommen

– bis es dann endlich so weit ist.

Freut euch auf das, was da kommt. Diese Freude können wir selber gestalten, indem wir uns täglich neu darauf besinnen, welch großes Geschenk Jesu Geburt ist. Sie ist nicht einfach da. Sie will erwartet, erhofft, ja vorbereitet sein – durch uns.

Noch stehen wir vor der verschlossenen Tür, aber die Freude darüber, dass sie sich bald öffnet, kann uns froh machen und andere auch, wenn wir sie mit unserer Vorfreude anstecken.

Pastorin Hella Mahler

Kirchengemeinde Altenbruch

Sonja Domröse

Schutz vor Sturmflut und Gefahr

Kirchennamen zeugen von der Geschichte und der Region

Der Hamburger Michel, die Frauenkirche in Dresden oder am Berliner Kurfürstendamm die Kaiser-Wilhelm-Gedächtnis-Kirche: Mit vielen Städten verbinden sich nicht nur berühmte Gotteshäuser, sondern auch bestimmte Kirchennamen, Patrozinien genannt. So wie jeder

erzählen über die Siedlungs- oder Frömmigkeitsgeschichte, politische und wirtschaftliche Beziehungen. So war es bis zur Reformation üblich eine Kirche unter den Schutz einer Heiligen oder eines Heiligen zu stellen. Mit der Ablehnung des Heiligenkults durch die protestantische Kirche

aber beibehalten. Ein beredtes Beispiel dafür sind die zahlreichen Marien- und Nikolai-Kirchen, die sich gerade in der Elbe-Weser-Region bis zum heutigen Tag finden.

Dies ist kein Zufall, sondern hat seinen Grund gerade in der besonderen geographischen Lage. Die Bewohner der Küstenregion sowie der Marschenlandschaft an den großen Strömen von Elbe und Weser lebten in früheren Zeiten in steter Gefahr vor dem Wasser. Beim Fischfang oder auf Seereisen, bei Sturmfluten oder Unwettern lauerte oft der Tod. Die Nordsee galt als ein unheilvoller Ort, beherrscht von Dämonen und furchteinflößend. Oft genug hatten die Menschen erlebt, wie ihnen das Wasser alles raubte, was sie zum Leben brauchten.

So war die Sehnsucht groß nach Schutz und Geborgenheit, nach einer himmlischen Kraft, die den Chaosmächten Einhalt gebot. In der Himmelskönigin Maria, die auf der Mondsichel steht und ihr Kind sicher und fest im Arm hält, fanden sie solch ein tiefes Symbol. Unter ihren bergenden Schutz stellten sich daher die Menschen gern. Die Marienaltäre der Kirchen in Mulsum oder Twielenfleth zeugen bis heute davon. Die Zei-

Die Cadenberger St. Nikolai-Kirche.

Mensch einen persönlichen Namen trägt als Symbol seiner Unverwechselbarkeit, so ist auch jede Kirche durch ihr Patrozinium als etwas Einzigartiges gekennzeichnet.

Dabei können Kirchennamen viel

kam es in evangelischen Regionen aber zu einem Wandel. Nicht mehr nach Heiligen wurden neue Gebäude benannt, sondern z.B. nach den Evangelisten Johannes oder Lukas, Markus und Matthäus. Alte Patrozinien wurden

chen Marias, Lilie, Stern und Rose
finden sich in zahlreichen Famili-
enwappen aus dem Wurster Land
und machen deutlich: In Küsten-
und Wassernähe galt Maria als
besondere Garantin vor Sturmflut
und Unheil. Die Magie ihres
Namens, der dem lateinischen
Wort für Meer „mare" so ähnlich
ist, dürfte ein weiterer Anreiz
gewesen sein, gerade sie als
Schutzheilige einer Kirche zu
wählen.

Neben Marienkirchen ziehen sich
aber auch wie an einer Perlenket-
te Nikolaikirchen von Bremen
entlang der Unterweser über das
Land Hadeln und Stade bis in das
Alte Land hinein. Nikolaus galt
als Beschützer der Seefahrer. In

dieser Funktion wurde er der
Schutzpatron des Landes Hadeln
und findet sich bis heute im Wappen des Landkreises Cuxhaven.
Wie der ehemalige Ringstedter
Pastor und Kirchengeschichtler
Johannes Göhler in seinen heimat-
geschichtlichen Forschungen
deutlich macht, galt St. Nikolaus
als der wirksamste unter den
Beschützern der Seefahrer. Für die
Menschen im Mittelalter, so Göhler, „bannte der Hadelner Nikolaus mit seiner Segensgeste die
tödlichen und teuflischen Wogen
der See. Die Seefahrer wagten sich
auf das Meer und begaben sich
ungeschützt in die Gewalt der
dämonischen Elemente. Nur der
himmlische Beistand nahm ihnen

die Angst." Die Bewohner fassten
Mut, siedelten sich in den so leicht
überschwemmten, aber auch
fruchtbaren Marschen an und fuh-
ren zur See.

Kirchennamen erzählen daher von
dem, was frühere Generationen
erhofft und ersehnt haben. Für die
Benennung heutiger Gebäude gilt:
Mit ihrem Namen sollen sie die
christliche Botschaft weitersagen.
So wie das jüngste Gotteshaus im
Elbe-Weser-Raum, die 1999 ge-
weihte Eine-Welt-Kirche in
Schneverdingen. Einmalig ist ihr
Altar mit 7000 „Erdbüchern" aus
allen Kontinenten. Ein mahnendes
Symbol für die Verantwortung der
Menschen für den einzigartigen
Planeten Erde.

Wilfried Stief

Wie Wasserstellen in der Wüste

Wie Seeleute aus aller Welt in der Seemannsmission Weihnachten feiern

Es ist schon ein schrilles Weihnachtsspektakel, das sich da in der Seemansmission „Oase" im Bützflether Hafen abspielt. Nur die „good boys" würden vom Weihnachtsmann ein Geschenk bekommen, verkündet Diakon Ernst-Otto Oberstech den philippinischen Seeleuten, die an dem Dezemberabend in der „Oase" für ein paar Stunden festgemacht haben. Und „good boys" müssten erstmal ein schönes Weihnachtslied vorsingen.

Als hätten die Seemänner nur darauf gewartet: Sie eilen zu den Mikrofonen und stimmen voller Freude ein Lied an. Nach Weihnachten klingt das nicht unbedingt, aber es ist schön und mit Hingabe gesungen. Dann folgt ein Interview mit dem Weihnachtsmann, der, oh Wunder, aus Bützfleth kommt und in der „Oase" Zivildienst macht. Auch diese Einlage freut die Seemänner. Und dann ist Bescherung: Der Weihnachtsmann-Zivi geht mit seinem großen Sack herum und gibt jedem eine weihnachtlich dekorierte Tüte mit Inhalt. Jeder bekommt das gleiche: Kaffeebecher, Zahnbürste und Süßes. Auf viele mag die Szenerie gar nicht weihnachtlich, sogar befremdlich wirken. Aber so ist das an einem Ort, wo übers Jahr gesehen mehr als 4000 Seeleute aus aller Welt vor Anker gehen.

Und den Spruch „andere Länder – andere Sitten" immer wieder aufs Neue beweisen.

Diakon Oberstech kennt mittlerweile viele Varianten. Zum Beispiel spiegelt der Schmuck des Tannenbaums die nationalen Gewohnheiten wider. Bei den Skandinaviern hängen kleine dänische, norwegische oder schwedische Flaggen im Baum. Bei den Filipinos muss es am Baum blinkern und blitzen wie in der Disko, und eine koreanische Besatzung hatte als Notlösung grüne Eukalyptusbonbons zum Dekorieren genommen. Mit der Weihnachtsfeier ist es ähnlich: Statt Besinnlichkeit ist Kindergeburtstag angesagt. So wird jeder nach seiner Fasson glücklich.

Dass auf deutschem Hoheitsgebiet am Rande des Bützflether Hafens Rücksicht auf fremde Weihnachtsgepflogenheiten genommen wird, hat einen ganz einfachen Grund. Die Seemannsmission will den Seeleuten ein „Zuhause auf Zeit" sein.

Denn das Gefühl, erwartet und aufgenommen zu wer-

den, haben sie bitter nötig. Seefahrt ist fast nie Zuckerschlecken. Wer aus seinem Land fortgeht, um monatelang zur See zu fahren, lässt viel hinter sich: die Familie, das Haus, die Sprache, die Kultur. Ein paar Fotos gehen mit an Bord, mit einer lächelnden Ehefrau oder Kindern, die auf

dem Tisch sitzen und Grimassen schneiden. Häfen werden nur kurz angefahren. Oft liegen sie weit weg von der Zivilisation, sind eingezäunt wegen der Sicherheitsauflagen. Vielleicht stehen da und dort noch zwei Bretterbuden, wo die Männer schon erwartet werden. Denn mit einer Heuer von 30 Euro täglich gelten sie als „reich" und damit als schröpfbar.
Wie schützende Inseln im tosenden

Orkan kommen den seefahrenden Männern und Frauen daher die weltweit vorhandenen Seemannsmissionen vor. Oder wie kostbare Wasserstellen in der Wüste, wie es die „Oase" in Bützfleth mit ihrem Namen nahelegt. Tatsächlich finden die Ankommenden in dem Haus der Deutschen Seemannsmission Hannover, das an ein gepflegtes Jugendzentrum erinnert, vieles vor. Sie können preiswerte Telefonkarten kaufen, um in die Heimat zu telefonieren. Überall besteht die Möglichkeit, über das Internet Kontakt aufzunehmen. Eine Kleiderecke

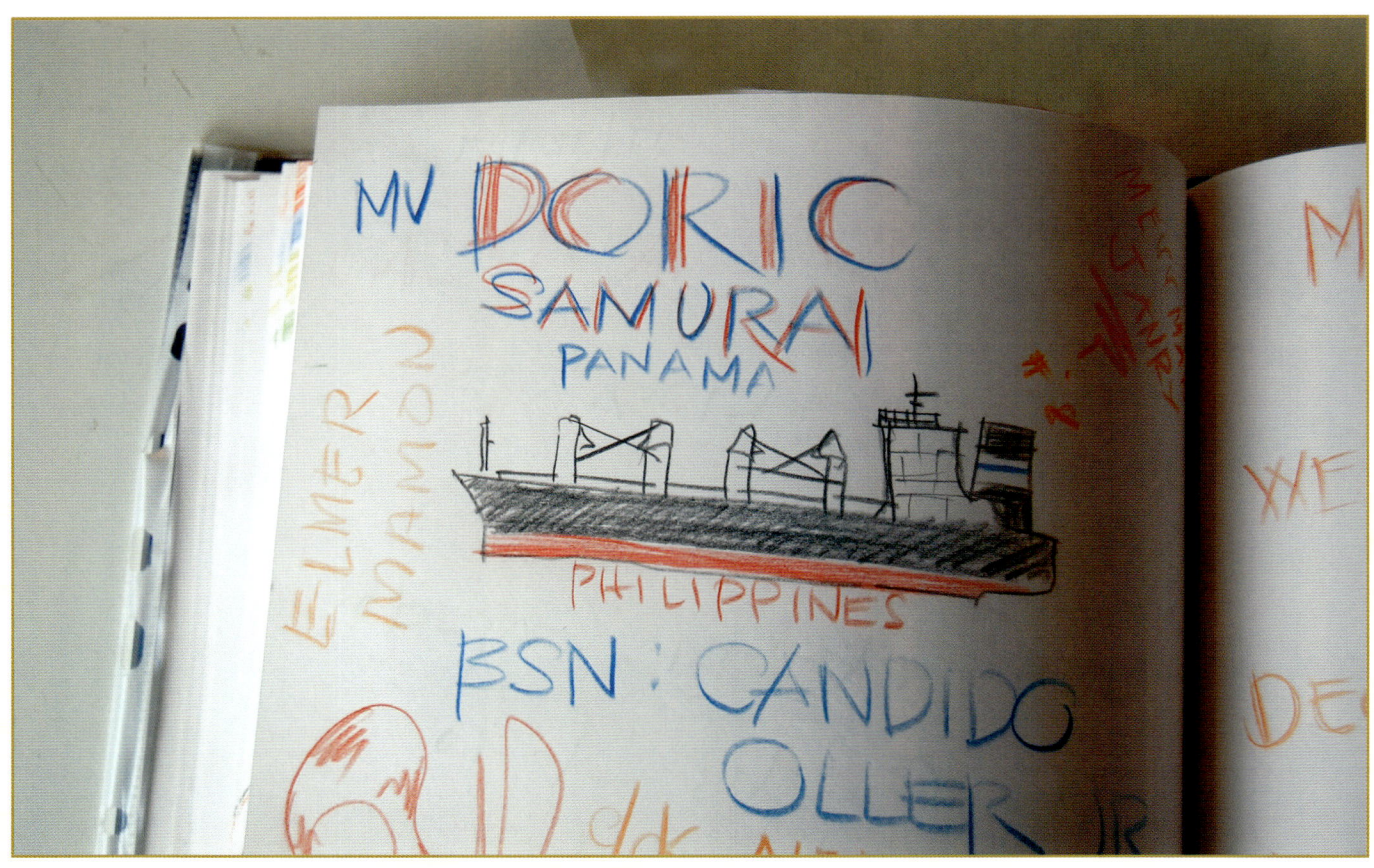

Gästebuch der Seemannsmission.

45.000 Gäste in Niedersachsens Häfen

Mit dem Boom in der Seeschifffahrt wird auch die soziale Arbeit der hannoverschen Seemannsmission immer wichtiger. In den Einrichtungen in Emden, Bremerhaven, Cuxhaven und Stade-Bützfleth begrüßen die Beschäftigten in den evangelischen Häusern mittlerweile über 45.000 Gäste jährlich. Tendenz steigend.

Die steigende Tendenz trifft auch auf die „Oase" zu. Und mit dem Hafenausbau, der in Bützfleth bereits begonnen hat, wird die Tätigkeit noch wichtiger. Denn noch mehr Schiffe steuern dann Stade an, Niedersachsens drittgrößten Industriehafen. Die Seemannsmission Hannover mit insgesamt acht diakonisch-missionarischen Beschäftigten gehört als eigenständiger Verein zum Diakonischen Werk der Landeskirche. Geld aus dem Topf der hannoverschen Landeskirche deckt zum größten Teil die Ausgaben. Ergänzt wird das Budget aus freiwilligen Beiträgen der Reedereien und Kommunen sowie durch Spenden.

mit gespendeten Sachen, die ab einem Dollar zu haben sind. Mit einem Billardtisch und einem Aufenthaltsraum, wo zwar Bier aber kein Schnaps gekauft werden kann. Wo zu Ehren der Seeleute ein Essen gekocht wird. Und wo es – eine Besonderheit in der „Oase" – eine komplette Bandausstattung mit Instrumenten und Gesangsanlage gibt, die ausgiebig genutzt wird, denn viele Seeleute singen und musizieren gern.

Das wichtigste aber ist das gesprochene Wort: Die Besucher werden höflich behandelt, treffen auf Verständnis für ihre Lage. Wie überall auf der Welt gibt es auch in Stade-Bützfleth einen „Freundeskreis" der Seemannsmission. Das sind Landsleute, die es in die Fremde verschlagen hat, und die einen Plausch über die Heimat zu schätzen wissen.

Wie die Seeleute die „Oase" zu schätzen wissen, geht aus den Gästebüchern hervor. „Mittlerweile ist im Seemannsclub schon das fünfte Gästebuch in Gebrauch", erzählt Diakon Oberstech. Neben vielen Danksagungen finden sich darin Zeichnungen des eigenen Schiffes und ganze Besatzungslisten. Manches kann auch nicht gelesen werden, weil es auf koreanisch oder chinesisch geschrieben ist.

Auch Bibelverse und Sinnsprüche schreiben die Seeleute nieder. Wie dieser: „In den Stürmen des Lebens zeigt sich, welcher Anker wirklich hält." Nach christlichem Verständnis ist dieser Anker der Glaube an Gott. „Die Seemannsmission hilft Seeleuten dabei, diesen Anker des Glaubens zu finden und bestätigt sie in ihrer Religiosität", sagt der Diakon. Das mache sie ruhig und gelassen und gebe ihnen die Kraft, den Stürmen auf See und im Leben zu trotzen.

Nächstenliebe in den Alltag bringen

Vom einfachsten Seemann bis zum hoch ausgebildeten Offizier – alle, die zur See fahren, haben ein Problem: die soziale Isolierung, das Alleinsein. Und so ist sich Ernst-Otto Oberstech (Foto), Diakon der Seemannsmission „Oase" in Stade Bützfleth, sicher: „Hier sind die Menschen, die uns brauchen." Die christliche Botschaft und den Alltag wollte Oberstech schon immer zusammen bringen. Der Glaube dürfe nicht für den Sonntag reserviert werden. Davon war er schon überzeugt, als er ehrenamtlich in der kirchlichen Jugendarbeit tätig war und seine kaufmännische Ausbildung im Kaufhaus Horten absolvierte.

Über den zweiten Bildungsweg kam der damals junge Mann zum Studium der Theologie und der Geschichte.

Vor 20 Jahren stieg Oberstech bei der Seemannsmission ein. Nach einer berufsbegleitenden Ausbildung zum Diakon übernahm er 1994 die Leitung der „Oase" in Stade-Bützfleth.

„Wir sind hier ein Spezialdienst für die Berufsgruppe der Seeleute", sagt Oberstech. Für Männer und einige Frauen, die viel allein sind, keinen Gesprächspartner haben. „Wer zehn Jahre zur See fährt, ist in der Zeit nur drei Jahre bei seiner Familie", rechnet Oberstech vor. Dort seien sie bald wie Fremde, unterwegs sowieso. Denn in den Häfen würden die Männer, die oft nur einen Tag blieben, keine Einheimischen kennen lernen. „Sie haben mich und mein Team", sagt Oberstech ernst. Eine Handvoll Menschen, die über 4000 Seeleuten im Jahr ihre Fragen beantworten.

„Mit mir können die Männer über die richtige Bibelauslegung reden oder über die beste Besetzung der Rockgruppe Deep Purple", skizziert der Diakon die Bandbreite der Gesprächsthemen. Viele gebildete Männer seien auf den Schiffen unterwegs, die würde auch die Wiedervereinigung interessieren, genau wie die Bräuche der Deutschen. „Der Seemannsmissionar erklärt den Seeleuten die Welt", sagt Diakon Oberstech.

Dem Fremden helfen, ihn aufnehmen und Gesprächspartner sein – das ist christliche Nächstenliebe. Ernst-Otto Oberstech lebt sie jeden Tag in der Mission. Mitunter ganz unscheinbar, wenn er dem Seemann den Internetplatz zeigt, von dem aus er seiner Familie schreiben kann. Wenn er ein paar freundliche Worte beim Empfang spricht. Oder wenn unter den ankommenden Seeleuten Musiker sind, die bei und mit ihm gemeinsam einen flotten Song hinlegen. Die Möglichkeiten, Menschen ein „Zuhause auf Zeit" zu bieten, sind vielfältig. Diakon Ernst-Otto Oberstech hat viele gute davon zu bieten.

Schoko-Birnen-Torte

5 Eier, 200 g Zucker
80 g gemahlene Mandeln
80 g Mehl
2 EL Kakao
1 Päck. Backpulver
4-5 Birnen, 3/8 l Apfelsaft
50 g Zucker
1 Päck. Vanillepuddingpulver
Preiselbeeren
2 Becher Sahne
1 TL Zucker
1 Schokoglasur
1 EL geblätterte Mandeln

Einen Biskuit aus den ersten sechs genannten Zutaten herstellen und in einer Springform 35 Minuten bei ca. 160° abbacken. Nach dem Erkalten einmal durchschneiden. Die Birnen schälen, halbieren und mit dem Apfelsaft aufkochen. Die Birnen herausnehmen, Saft mit Puddingpulver binden. Birnen wieder hineingeben. Einen Tortenrand um den Biskuitboden stellen, Masse einfüllen und abkühlen lassen. Preiselbeeren auf die Birnenmasse geben. 2 Becher Sahne schlagen. Auf die kalte Obstmasse streichen und den zweiten Boden drauflegen. Die Torte mit Schokoglasur überziehen und mit Mandeln bestreuen.

Weihnachtsäpfel

8-10 kleine Äpfel
Preiselbeermarmelade
200 g geblätterte Mandeln
2 EL Zimtzucker

Die Äpfel schälen, das Kerngehäuse ausstechen und in eine Auflaufform setzen. Die Äpfel mit Preiselbeer- oder Heidelbeermarmelade füllen, mit Mandeln und Zimtzucker bestreuen. In der Mikrowelle auf höchster Stufe 5-8 Minuten garen. (Die Äpfel dürfen nicht zerfallen.) Mit Vanillesoße oder Vanilleeis servieren. Statt Zimtzucker passt auch Vanillezucker.

Schwedischer Punsch (Glög)

1 Fl. Rotwein
4 EL Zucker
1 Stück unbeh. Zitronenschale
16 cl Rum
1 Stück Stangenzimt
4 Gewürznelken
1 Prise ger. Muskatnuss
20 Rosinen, 10 Haselnüsse
10 abgezogene Mandeln

Die Nüsse und Rosinen in Gläser verteilen und mit dem Rum durchziehen lassen.
Rotwein und Gewürze im Topf erhitzen und heiß durch ein Sieb in die Gläser geben.

Figuren und Kränze aus Holz und Ästen

Mit Holzresten, Zweigen aus dem Garten oder Bastelstroh und etwas Farbe lassen sich wunderschöne weihnachtliche Utensilien herstellen. Sie reichen von Wichteln über hölzerne Kerzen bis hin zu den klassischen Strohsternen für den Weihnachtsbaum.

Auch hier haben Landfrauen einige Beispiele für solche Basteleien zusammengestellt. Sie sollen einfach nur Wohnung oder Garten verschönern. Die Holzfiguren eignen sich auch für eine Dekoration im Freien – etwa auf der Terrasse oder vor der Eingangstür. Letztere lassen sich auch wunderbar mit weihnachtlich geschmückten Türkränzen verzieren.

Wie bei den bisherigen Landfrauen-Tipps gilt wieder: Verstehen Sie die Beispiele als Anregung und gehen Sie mit offenen Augen durch die Natur und lassen Sie sich dadurch inspirieren. Und wieder der Tipp: Fragen Sie einfach bei Ihrem Landfrauenverein vor Ort nach, wenn Sie mehr Anregungen haben wollen (Adressen finden Sie am Ende dieses Buches).

Mit wenig Aufwand lassen sich aus Kantholzresten und Farbe Weihnachtsmannfiguren basteln. Die Oberseite des Holzblocks wird schräg abgesägt. Diese Schnittkante, die vorher glatt geschliffen werden muss, bildet die Fläche, auf die dann das Weihnachtsmanngesicht und die Zipfelmütze gemalt werden. Für die Nase des Weihnachtsmannes nimmt man eine halbe rote Holzperle, die man in einem Bastelladen kaufen kann.

Kränze verschönern zu jeder Jahreszeit Türen oder Fenster – natürlich auch zur Advents-zeit. Mehrfach verwendbar sind locker aus feinen Ästen (zum Beispiel von der Clema-tis) gebundene Kränze. Zu Weihnachten kann man sie mit kleinen Äpfeln und Moos dekorieren.

Kerzen müssen nicht immer echt sein. Aus mittleren Ästen geschnitten und mit der passenden Farbe versehen, wirken diese hölzernen Kerzen fast so heimelig wie echte Kerzen. Vor allem können sie im Freien dekoriert werden.

Es gibt sie schon (fast) ewig und dennoch haben sie alle Modetrends beim Weihnachtsbaum überdauert: die schönen alten Strohsterne. Bastelstroh und Faden braucht man – mehr nicht. Dabei lassen sich die Farben variieren und unterschied-lich kombinieren.

Diese stabilen, aus Holz ausgesägten Sterne sind einfach herzustellen. Am besten schneidet man aus Pappe eine Schablone, die zum Anzeichnen auf dem Holzbrett genutzt wird. Besonders schön wirken sie naturbelassen. Sie sind eine ansprechende und rustikale weihnachtli-che Dekoration.

Hans-Heinrich Kahrs

Strohsteerns to Wiehnachten

Eben vör Wiehnachten pack Gesa mit ehr Oma de Strohsteerns för den Boom ut de Kist. Dorbi fröög de Enkeldochter ok na, wo dat tomaals togüng as ehr Oma Sophie een leit Kind ween wöör. „Weest du,", sä de Oma na een Tied lang, „as ik so oolt weer as du, jüst eben teihn Johr, dor sünd wi jüst ankomen hier in't Dörp. Eben na'n Niklausdag weer dat. Wi harrn een olen Kuffer un twee Kartons vull Saken bi uns. Dor weer allens dat in, wat wi inpacken kunnen. Twee Stünns harrn wi Tiet hat, uns Huus uttorümen. De Russen hebbt uns rutsmeten, so as all de düütschen Familien in uns Dörp, nicht wiet af von Breslau. Glieks na'n Krieg harrn se seggt, dat wi blieven kunnen. Aver as in Harvst '45 jümmer miehr polnische Flüchtlinge kömen, de se ook verdreven harrn, dor hebbt se uns wegjoogt. Mit mien Mudder un miene beiden Bröder bün ik in den Zug stegen un na'n Westen föhrt, utstiegen, ümstiegen, töven, un wöör rin in den nächsten Zug. „Wir kommen bald zurück nach Hause", sä mien Mudder, wenn mien leitje Broder frogen dä, wo wi hinschullen. „...wenn Papa wieder da ist," kööm jümmer aster her un dorbi harr se een poor Tranen in de Oogen. As wi hier op'n Bahnhoff ankömen, snee dat. „Ji koomt na Tieman's, dor is noch een Kamer free", sä een Kierl, de all de Flüchtlinge opdelen dä. Ik verstünn em nicht, ik kunn keen Platt. Bi Tiemanns harrn se in dat oole Huus an de Deel een leittje Kamer. Dor kunnen wi uns to veert kuum rögen. An'n Disch seet Opa Tiemann, sien Schwiegerdochter un de veer Kinner. In't Dörp wöörn overall Flüchtlinge in de Hüüs opdeelt worrn. All schullen se tohooprücken un afgeven. De Stimmung wöör nicht to best. Eerst eten Tiemann sein an'n Disch in de Köök un as de satt wöörn, kömen wi an de Reeg. Mien Mudder wull jüm nicht to Last liggen un snack faken von Tohuus. Denn müssen wi ook na School. De Klass wöör genau opdeelt. Op de een Siet seten de Jungs un Dierns ut'n Dörp un snacken blots Platt. Op de annere Siet seten de Flüchtlinge un snacken Hooch. De Schoolmester kreeg dat nicht so genau mit. As wi twee Weken för Wiehnachten to'n eersten Tuur in de Klass kömen, worrn wi nicht fründlich begrüsst. „Nu kommt de Pollacken" sän de Kinner ut'n Dörp un ok de annern Flüchtlingskinner wiesen uns düütlich, dat wi ünner jüm stohn dän. In de eerste Pause hett sik mien grote Broder glieks mit een von de Jungs ut'n Dörp schecht, as de em piesacken wull: „Flüchtlinge snackt keen Platt, de höört nicht to uns un mit de Pollacken wöllt wi all lang nix to doon hebben." Mien Broder kunn sik aver so goot wehren, da nüms miehr wat gegen sien Hoochdüütsch un gegen Schlesien seggen dä. Dorna harrn wi in de School een beten Roh. Aver ik wöör doch alleen un güng miene Weeg. Na een poor Doog kööm Luise, de jüngste Diern von Tiemanns op mi to un sä: „Du müsst Platt mit de Lüüd snacken, denn höörst du to uns." „Ich kann das nicht", sä ik, aver Luise leet nicht na: Ik bring di dat bi. Laat uns een poor Wiehnachtsgeschinke basteln." Se wies mi, wodann een Strohsteerns maken kunn un wüss ut Rietsticken leitje Figuren to basteln. Je beter wi uns verstünnen, üm so miehr rücken de Familien tohoop. Wi hebbt sogor dörsett, dat wi an'n Hilligobend tohoop an den groten Disch eten kunnen un dorna de

Bescherung ok tohoop maken dän. Dat geev veele Tranen, weil Luise ehr Vadder un ook mien jo fehlen dän „Ich lebe. Bin in britischer Gefangenschaft". Stünn op de Kort mit de wi twee Doog wör Wiehnachten von mienen Vadder ut Ägypten kregen harrn. Luise ehr Vadder seet in Schottland. Aver Luise un ik harrn för jeden een Geschink bastelt un tohoop hebbt wi een Gedicht opseggt: Kiek ins wat is de Himmel so rot, dat sünd de Engel de backt dat Broot.. Dat wöör mien Bidrach op Platt. As mien Vadder in dat nächste Johr ut de Gefangenschaft kööm un mi begrüßen dä, heff ik em op Platt froogt, ob wi nicht bi Tiemanns blieven kunnen. Fief Johr sünd wi bi jüm ween bet wie en Wohnung in een von de Baracken kregen, de se för de Flüchtlinge opstellt harrn. Un doch heff ik mi bi jüm wohlföhlt. Luise is vondoog noch mien beste Fründin. Un jümmer so eben vör Wiehnachten, ween to'n eersten Tuur de Snee fallt, bastelt wi tohoop Strohsteerns, ook wenn ut de Familie nüms welk hebben will. Mien Mudder is nie wöör na Huus na Schlesien kamen un mien Broder hett sien Leben lang keen Platt snackt. Aver ik bün dormit groot worrn. Wenn't ook lang torüg liggt un vondoog kuum to glöven is, aver mit hett dat Plattdüütsch hulpen hier in Noorddütschland een neet Tohuus to finnen.

Heinrich Böll

Monolog eines Kellners

Ich weiß nicht, wie es hat geschehen können; schließlich bin ich kein Kind mehr, bin fast fünfzig Jahre und hätte wissen müssen, was ich tat – und hab's doch getan, noch dazu, als ich schon Feierabend hatte und mir eigentlich nichts mehr hätte passieren können. Aber es ist passiert, und so hat mir der Heilige Abend die Kündigung beschert. Alles war reibungslos verlaufen: Ich hatte beim Dinner serviert, kein Glas umgeworfen, keine Soßenschüssel umgestoßen, keinen Rotwein verschüttet, mein Trinkgeld kassiert und mich auf mein Zimmer zurückgezogen, Rock und Krawatte aufs Bett geworfen, die Hosenträger von den Schultern gestreift, meine Flasche Bier geöffnet, hob gerade den Deckel von der Terrine und roch: Erbsensuppe. Die hatte ich mir beim Koch bestellt, mit Speck, ohne Zwiebeln, aber sämig, sämig. Sie wissen sicher nicht, was sämig ist; es würde zu lange dauern, wenn ich es Ihnen erklären wollte: Meine Mutter brauchte drei Stunden, um zu erklären, was sie unter sämig verstand. Na, die Suppe roch herrlich, und ich tauchte die Schöpfkelle ein, füllte meinen Teller, spürte und sah, dass die Suppe richtig sämig war – da ging meine Zimmertür auf, und herein kam der Bengel, der mir beim Dinner aufgefallen war: klein, blaß, bestimmt nicht älter als acht, hatte sich den Teller hoch füllen und alles, ohne es anzurühren, wieder abservieren lassen: Truthahn und Kastanien, Trüffeln und Kalbsfleisch, nicht mal vom Nachtisch, den doch kein Kind vorübergehen lässt, hatte er auch nur einen Löffel gekostet, ließ sich fünf halbe Birnen und 'nen halben Eimer Schokoladensoße auf den Teller kippen und rührte nichts, aber auch nichts an, und sah doch dabei nicht mäklig aus, sondern wie jemand, der nach einem bestimmten Plan handelt. Leise schloß er die Tür hinter sich und blickte auf meinen Teller, dann mich an: „Was ist denn das?", fragte er. „Das ist Erbsensuppe", sagte ich. „Die gibt es doch nicht", sagte er freundlich, „die gibt es doch nur in dem Märchen von dem König, der sich im Wald verirrt hat." Ich hab's gern, wenn Kinder mich duzen; die Sie zu einem sagen, sind meistens affiger als die Erwachsenen. „Nun", sagte ich, „eins ist sicher: Das ist Erbsensuppe." – „Darf ich mal kosten?" – „Sicher, bitte", sagte ich, „setz dich hin." Nun, er aß drei Teller Erbsensuppe, ich saß neben ihm auf meinem Bett, trank Bier und rauchte und konnte richtig sehen, wie sein kleiner Bauch rund wurde, und während ich auf dem Bett saß, dachte ich über vieles nach, was mir inzwischen wieder entfallen ist; zehn Minuten, fünfzehn, eine lange Zeit, da kann einem schon viel einfallen, auch über Märchen, über Erwachsene, über Eltern und so. Schließlich konnte der Bengel nicht mehr, ich löste ihn ab, aß den Rest der Suppe, noch eineinhalb Teller, während er auf dem Bett neben mir saß. Vielleicht hätte ich nicht in die leere Terrine blicken sollen, denn er sagte: „Mein Gott, jetzt habe ich dir alles aufgegessen." – „Macht nichts", sagte ich, „ich bin noch satt geworden. Bist du zur mir gekommen, um Erbsensuppe zu essen?" – „Nein, ich suchte nur jemanden, der mir helfen kann, eine Kuhle zu finden; ich dachte, du wüßtest eine." Kuhle, Kuhle, dann fiel mir's ein, zum Murmelspielen braucht man eine, und ich sagte: „Ja, weißt du, das wird schwer sein, hier im Haus irgendwo eine Kuhle zu finden." – „Können wir nicht eine machen", sagte er, „einfach eine in den Boden des Zimmers hauen?" Ich weiß nicht, wie es hat geschehen können, aber ich hab's getan, und als der Chef mich fragte: „Wie konnten Sie das tun", wusste ich keine Antwort. Vielleicht hätte ich sagen sollen: Haben wir uns nicht verpflichtet, unseren Gästen jeden Wunsch zu erfüllen, ihnen ein harmonisches Weihnachtsfest zu garantieren? Aber ich hab's nicht gesagt, ich hab' geschwiegen. Schließlich konnte ich nicht ahnen, daß seine Mutter über das Loch im Parkettboden stolpern und sich den Fuß brechen würde, nachts, als sie betrunken aus der Bar zurückkam. Wie konnte ich das wissen? Und dass die Versicherung eine Erklärung verlangen würde, und so weiter, und so weiter. Haftpflicht, Arbeitsgericht, und immer wieder: unglaublich, unglaublich. Sollte ich ihnen erklären, dass ich drei Stunden, drei geschlagene Stunden lang mit dem Jungen Kuhle gespielt habe, dass er immer gewann, dass er sogar von meinem Bier getrunken hat – bis er schließlich todmüde ins Bett fiel? Ich hab' nichts gesagt, aber als sie mich fragten, ob ich es gewesen bin, der das Loch in den Parkettboden geschlagen hat, da konnte ich nicht leugnen; nur von der Erbsensuppe haben sie nichts erfahren, das bleibt unser Geheimnis. Fünfunddreißig Jahre im Beruf, immer tadellos geführt. Ich weiß nicht, wie es hat geschehen können; ich hätte wissen müssen, was ich tat, und hab's doch getan: Ich bin mit dem Aufzug zum Hausmeister hinunter gefahren, hab' Hammer und Meißel geholt, bin mit dem Aufzug wieder raufgefahren, hab' ein Loch in den Parkettboden gestemmt. Schließlich konnte ich nicht ahnen, dass seine Mutter darüber stolpern würde, als sie nachts um vier betrunken aus der Bar zurückkam. Offen gestanden, ganz so schlimm finde ich es nicht, auch nicht, dass sie mich rausgeschmissen haben. Gute Kellner werden überall gesucht.

Aus: H. Böll. Werke, Romane und Erzählungen 2, 1953 –1959, hrsg. v. Bernd Balzer
© 1977, 1987 by Verlag Kiepenheuer & Witsch, Köln

WEIHNACHTSWOCHE

Krippenspiel in der Beverstedter Kirche

O *du fröhliche*

1. O du fröh-li-che, o du se-li-ge, gna-den-brin-gen-de Weih-nachts-zeit!

Welt ging ver-lo-ren, Christ ist ge-bo-ren:

Freu-e, freu-e dich, o Chri-sten-heit!

1.

O du fröhliche, o du selige,
Gnadenbringende Weihnachtszeit!
Welt ging verloren,
Christ ist geboren:
Freue, freue dich, o Christenheit!

2.

O du fröhliche, o du selige,
Gnadenbringende Weihnachtszeit!
Christ ist erschienen,
uns zu versühnen,
Freue, freue dich, o Christenheit!

3.

O du fröhliche, o du selige,
Gnadenbringende Weihnachtszeit!
Himmlische Heere,
jauchzen dir Ehre:
Freue, freue dich, o Christenheit!

Es handelt sich hier ursprünglich um ein sizilianisches Fischerlied, dessen Melodie Johann Gottfried Herder 1788 von einer Italienreise nach Deutschland brachte. Mit dem Text des Weimarer Privatgelehrten Johannes Daniel Falk wurde es eines der beliebtesten deutschen Weihnachtslieder

Mitten in der Armut dieser Welt

Ach, wie sieht Maria auf manchen Weihnachtsbildern so lieblich aus, Josef so traumwand-
lerisch, alles ganz wunderbar. Dadurch entsteht ein großer Druck: So harmonisch soll es
zugehen am Heiligen Abend! Und unter dem Druck zerbricht so mancher, der allein ist, so
manche Familie, die es eben nicht schafft, alles perfekt zu gestalten.

Wer die Weihnachtsgeschichte genau anschaut, sieht: Es sind keine perfekten Menschen.
Maria ist gar nicht so eine sanftmütig liebliche Kindfrau. Sie singt, Gott werde die Mäch-
tigen vom Thron stoßen! Ein Kind in einem Stall zur Welt bringen ist gar nicht lieblich.
Dann kommen auch noch die Hirten. Wer will die kurz nach der Geburt zu Besuch haben?
Und die drei Weisen aus dem Morgenland? Da gäbe es heute wohl gleich eine Bombendro-
hung.

Verkitschen wir also die Weihnachtsgeschichte nicht! Gott kommt mitten in
die Armut dieser Welt. Da hungern Menschen, da weiß mancher nicht
weiter und mancher verzweifelt. Kein idealer Ort für verletzbare
Kleinkinder. Zumal dieses Kind einen grausamen Tod am Kreuz
sterben wird. Die Perspektive ändert sich erst völlig, als den
Menschen klar wird: Dieses Sterben war nicht ein Endpunkt,
sondern ein Doppelpunkt. Ostern ist der Beginn des
christlichen Glaubens! Gott hat mit diesem Jesus die
Geschichte verändert, der Tod hat nicht das
letzte Wort. So wird ein neuer Blick auf das
Kind geworfen. Gott macht sich verletzbar,
Gott kommt den Menschen nahe.
Diese Menschennähe Gottes unterscheidet uns mehr als alles andere von
anderen Religionen. Gott kennt die
Menschen, mit allen Schwächen und
Fehlern. Ich möchte deshalb ermuti-
gen, sich nicht durch all die weih-
nachtlichen Harmonievorgaben
bedrängen zu lassen. Wir feiern die Geburt dieses Kindes, weil wir glauben, dass uns Gott
so Lebensmut zusagt, heute und über diese Zeit und Welt hinaus.

Dr. Margot Käßmann

Landesbischöfin

Sonja Domröse

Fest für das Kind in der Krippe

Zur Tradition und zum Wandel der Weihnachtsfeiern

In der Mitte ist immer das Kind. Klein und verletzlich liegt es da, auf Heu und Stroh, dieses Kind, von dem Christinnen und Christen glauben, dass in ihm Gott selber Mensch geworden ist. „Und das Wort ward Fleisch und wohnte unter uns", wie es der Evangelist Johannes sagt (Johannes 1,14). Jede Krippe, sei sie nun grob gezimmert aus Holz, in Plastik gegossen als Playmobil-Landschaft oder zierlich geformt aus Ton, strahlt von ihrer Mitte her. Und dort ruht das göttliche Kind, beschützt von Maria und Josef, den Hirten und Königen samt Schafen, Ochs und Esel. Die erste Weihnachtskrippe stellte Franz von Assisi 1223 in seiner italienischen Heimatstadt auf. Das erste Weihnachtsfest überhaupt ist bezeugt für das Jahr 335 und wurde in Rom gefeiert. Zuvor wurde der Geburt Christi, vor allem in den Kirchen des Ostens, am Epiphanias-Tag, dem 6.

Weihnachtspyramide in Dorum

Januar, gedacht. Dies ist in den orthodoxen Kirchen bis heute so geblieben.

Der Name „Weihnachten" ist dabei wahrscheinlich heidnischer Herkunft. Ursprünglich bezeichnete er die erste der zwölf geweihten Nächte um die Jahreswende (24.12. bis 6.1.). Am 25. Dezember feierten die Römer das Fest des „Unbesiegten Sonnengottes". Dagegen setzte das junge Christentum die Geburt ihres Lichtes Jesus Christus. Passend zur Zeit der Wintersonnenwende bekannten Christinnen und Christen damit: Jesus von Nazareth ist

Weihnachtsgottesdienst in Beverstedt

das wahre „Licht der Welt" (Johannes 8,12) und die „Sonne der Gerechtigkeit" (Maleachi 3,20). Weihnachten war somit von Anfang an auch ein symbolisches, auf die Ankunft des „aufgehenden Lichtes aus der Höhe" (Lukas 1,78) hinweisendes Datum.

Die erste bildliche Darstellung der Geburt

Krippenspiel in der Stader Johanneskirche

Christi findet sich übrigens auf Sarkophagen des 4. Jahrhunderts. Das Kind in der Krippe wird dabei stets unter einem Dach mit Ochs und Esel dargestellt. „Ochs und Esel" leiten sich von Jesaja 1,3 her, wo es heißt: „Ein Ochse kennt seinen Herrn und ein Esel die Krippe seines Herrn."

Seit der Reformation beginnt Weihnachten am 24. Dezember mit dem Heiligabend (auch Heilige Nacht oder Christnacht genannt). Christen und Nichtchristen feiern Weihnachten heute meist als Familienfest mit gegenseitigem Beschenken. Dieser Brauch ist seit dem 16. Jahrhundert im evangelischen Bereich bekannt. In katholischen Familien fand die Kinderbescherung am Nikolaustag statt. Hinzu kamen alte und neue Bräuche verschiedener Herkunft, zum Beispiel Krippenspiele seit dem 11. Jahrhundert, der Adventskranz (1839), der geschmückte Weihnachtsbaum und der Weihnachtsmann seit dem 19. Jahrhundert. Dieser verdrängte das Christkind und den Nikolaus als Gabenbringer für die Kinder, wie sie in manchen Regionen üblich waren.

Das Christkind wurde Anfang des 16. Jahrhunderts in evangelischen Gegenden als Ersatz für den katholischen Gabenbringer Nikolaus populär. Es überprüfte in der Adventszeit spielerisch die Religionskenntnisse der Kinder. Dargestellt wurde es meist von einem etwa 15-jährigen Mädchen. Im Laufe der Zeit verlagerte sich der Schenkebrauch auf Weihnachten. Das Christkind rückte damit in die Nähe des Jesuskindes.

Den richtigen Gottesdienst zum heute bekanntesten christlichen Fest zu finden, ist einfach und unkompliziert: Unter www.weihnachtsgottesdienste.de sind evangelische wie auch katholische Gottesdienste bundesweit zu finden.

Der goldene Schlüssel

Am schönsten ist es in der Vorweihnachtszeit, eines Morgens aufzuwachen und den Adventskalender über dem Bett zu entdecken.

Der erste Dezember! Das Türchen mit der Eins darf geöffnet werden! Die Zahlen Eins bis Vierundzwanzig kann Ina schon lesen, und sie findet die Eins sofort. Schon steht sie vor dem Kalender, fasst vorsichtig hinter das Türchen aus bemalter Pappe und findet – einen Schlüssel! Er ist mit Goldfarbe auf einen roten Grund gemalt. Was hat das wohl zu bedeuten? Der Schlüssel glänzt geheimnisvoll.

Acht Türchen hat Ina in ihrem Adventskalender nun schon geöffnet und sich über die kleinen bunten Bilder dahinter gefreut. Heute ist das neunte an der Reihe. Ein grüner Trecker kommt zum Vorschein. Da denkt Ina gleich an ihren Freund Paul, der Spielzeugtrecker sammelt wie andere Kinder Briefmarken.

Mit Paul hängt sie am Nachmittag Meisenringe im Garten auf. Dabei werden die Finger steif vor Kälte. Schnell laufen die Kinder ins Haus und warten am Fenster darauf, dass ein hungriger Vogel das Futter in der Birke entdeckt.

„In meinem Adventskalender ist ein Zauberschlüssel", sagt Ina, „irgendwann werde ich damit eine besondere Tür aufschließen oder eine Schatzkiste."

Paul schaut sie verwundert an. „Der ist doch nur aufgemalt", sagt er dann.

Heute hat Ina in ihrem Adventskalender einen Tannenbaum gefunden.

Da will sie unbedingt am selben Tag mit Vater und Mutter ihren

Weihnachtsbaum kaufen. Und weil gerade wieder Sonntag ist und beide Zeit

haben, „wird sich das wohl machen lassen", meint Inas Mutter und fragt beim

Nachbarn, Bauer Steffens, an.

„Einen Weihnachtsbaum kann ich wohl auch am Sonntag schlagen", sagt der,

„ich hol schon mal die Säge". Das Tannenwäldchen liegt gleich nebenan, und so

tragen Ina und ihre Eltern jetzt den schönsten Baum zu Fuß nach Haus. Dann

malt Ina weiter an dem Bild, das sie Oma zu Weihnachten schenken will. Oma

lebt in einem großen Mietshaus mit vielen Wohnungen in der Stadt, weit weg. Ina

möchte, dass sie dort auszieht und ganz in ihre Nähe kommt. Deshalb malt sie ihr

ein schönes kleines Haus mit einem Garten drum herum.

Weihnachten! Heute ist Weihnachten!

Als Ina am Morgen erwacht, sieht sie gleich den kleinen goldenen Schlüssel vor der letzten, noch ungeöffneten Tür ihres Adventskalenders hängen. Wie ist der dort hin gekommen?

Schnell macht Ina die Augen wieder zu und öffnet sie dann gleich noch einmal. Nein, sie hat nicht geträumt! Der Schlüssel hängt immer noch da, und Ina schließt das große Tor mit der Zahl Vierundzwanzig auf.

Seit dem Morgen trägt sie den goldenen Schlüssel wie eine Kette um den Hals. Das Warten auf den Heiligen Abend fällt ihr nicht so schwer wie vor einem Jahr. Und nun scheint es Ina sogar, als öffne sich die Tür zum Weihnachtszimmer ganz von selbst.

Die Weihnachtstage sind viel zu schnell vorbeigegangen. Aber Oma wird noch bis zum Tag der Heiligen Drei Könige am 6. Januar bleiben. Über Inas Bild hat sie sich sehr gefreut. An einem Nachmittag sitzen die Beiden in der Dämmerung bei Kerzenschein eng beisammen, und Oma erzählt ein Märchen der Gebrüder Grimm, das heißt „Der goldene Schlüssel".

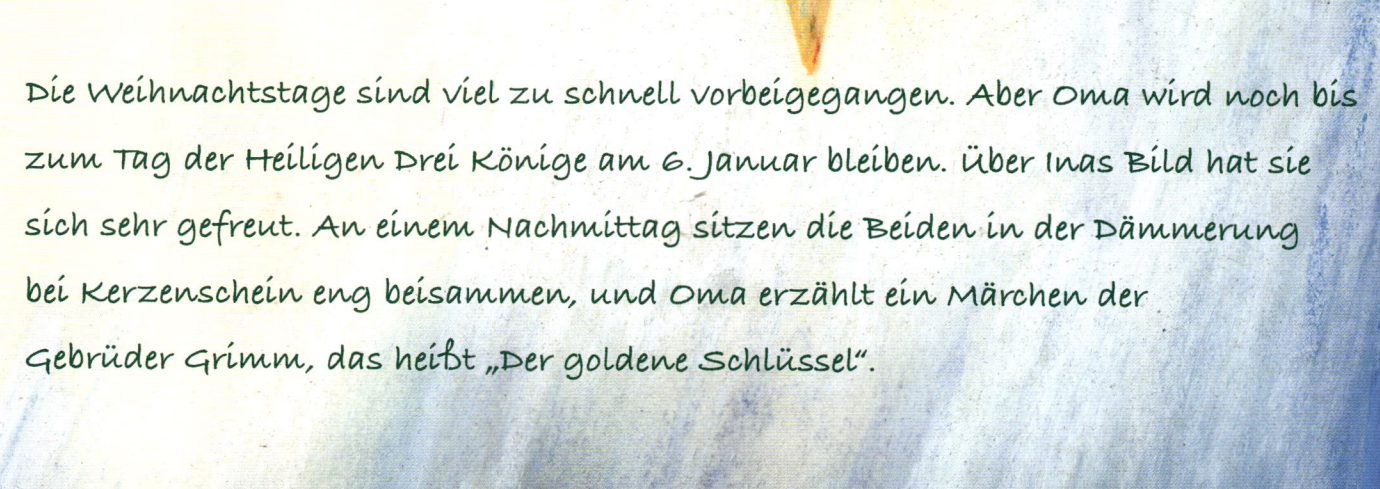

Und wenn Du das Märchen nicht kennst, liest es Dir vielleicht jemand vor?
Hier ist es aufgeschrieben:

Zur Winterszeit, als einmal ein tiefer Schnee lag, mußte ein armer Junge hinausgehen und Holz auf einem Schlitten holen. Wie er es nun zusammengesucht und aufgeladen hatte, wollte er, weil er so erfroren war, noch nicht nach Haus gehen, sondern erst Feuer anmachen und sich ein bißchen wärmen. Da scharrte er den Schnee weg, und wie er so den Erdboden aufräumte, fand er einen kleinen goldenen Schlüssel. Nun glaubte er, wo der Schlüssel wäre, müßte auch das Schloß dazu sein, grub in der Erde und fand ein eisernes Kästchen. »Wenn der Schlüssel nur paßt!« dachte er, »es sind gewiß kostbare Sachen in dem Kästchen.« Er suchte, aber es war kein Schlüsselloch da, endlich entdeckte er eins, aber so klein, daß man es kaum sehen konnte. Er probierte und der Schlüssel paßte glücklich. Da drehte er einmal herum, und nun müssen wir warten, bis er vollends aufgeschlossen und den Deckel aufgemacht hat, dann werden wir erfahren, was für wunderbare Sachen in dem Kästchen lagen.

Weihnachtspost in Himmelpforten

Woher kommt eigentlich die Post vom Weihnachtsmann? Ganz oben im Norden, dort, wo Elche und Rentiere leben, sitzen die Weihnachtswichtel. Das wissen ja die meisten von Euch. Aber ganz in der Nähe, zwischen Elbe und Oste, gibt es ein Christkinddorf mit einem Christkindpostamt – manche von Euch werden es kennen: Himmelpforten. Hier kommen in jedem Jahr tausende Briefe von Kindern aus aller Welt an. Sie alle sind an den Weihnachtsmann oder das Christkind gerichtet. Diese Kinder bekommen auch alle eine Antwort – vom Weihnachtsmann, direkt aus Himmelpforten.

Dort gibt es Menschen, die dabei helfen, die vielen Briefe zu beantworten. Mehr zur Himmelpfortener Weihnachtspost steht auf den folgenden Seiten – für Erwachsene. Lasst Euch diese Geschichte von Euren Eltern doch einfach erzählen...

Wilfried Stief

Wo der Weihnachtsmann Post bekommt

Turbulente Adventszeit im Christkind-Postamt in Himmelpforten

Natürlich gibt es den Weihnachtsmann. Und wie jeder „Mann" hat er auch einen Wohnort. Und – selbstredend – eine Adresse und einen Briefkasten. Dass der an einem Ort steht, der für Menschen erreichbar sein muss, dürfte auch jedem klar sein. Praktisch an der Grenze von Erde und Himmel. Am besten an der Pforte zum Himmel. Und genau so ist es. Wer dem Weihnachtsmann einen Brief schreiben will, schickt ihn nach Himmelpforten. Dort ist gleich neben dem großen gelben Briefkasten in der Villa von Issendorf das Christkindpostamt eingerichtet worden. Mit einem heißen Draht zum Weihnachtsmann.

Besonders in den Wochen vor Weihnachten geht es dort turbulent zu. Briefe über Briefe, Stapel von Umschlägen und an den Wänden und überall dazwischen mit viel Liebe gefertigte Bastel- und Malarbeiten von Kindern.

An einem riesigen Tisch sitzen zwei Dutzend Helfer und öffnen die Post an den Weihnachtsmann.

Über all dem wacht Wolfgang Dipper, der als einziger ganz normal bei der Post angestellt ist. 40.000 Briefe landen vor Weihnachten in seinem Postamt. Aus aller Welt kommen sie. Aus Peking, Paris und Pinneberg. Die meisten Briefe werden auf Deutsch geschrieben, erzählt Wolfgang Dipper. Übrigens die Sprache, die der Weihnachtsmann besonders gut kann.

Dipper kam 1975 zur Post. Damals leitete Hermann Bardenhagen das Christkindpostamt. Nach 36 Jahren machte der dann 2002 Schluss. Seitdem ist Dipper oberster Briefbeantworter für den Weihnachtsmann.

„Langweilig sind die vier Wochen vor Weihnachten gewiss nicht", sagt Dipper. Inhaltlich seien die Briefe zwar oft gleich, es geht hauptsächlich um materielle Dinge, um Weihnachtswünsche also. Aber was den Helfern beim Öffnen der Briefe entgegen geflattert kommt, ist bunt und oft witzig. Da sind die Tuschkastenma-

lerei von Yvonne, das beigelegte Foto von Antoine, die seitenlange Auflistung chinesischer Schriftzeichen fein mit Wolle geschmückt. Kleine Präsente fallen aus den Umschlägen: Filzengel, ein Notizblock. Bei so viel Hingabe ist es klar, dass es Wolfgang Dipper und seinen Helfern viel Spaß macht, die Briefe zu beantworten. „Wir wollen den Kindern die Adventszeit verschönern", sagt Dipper. Und dazu ist Eile geboten. Denn die Briefe müssen ja noch vor Weihnachten wieder beim Absender sein. Am einfachsten geht es, wenn der eingereichte Wunschzettel an den Weihnachtsmann mit einer leserlichen Adresse versehen ist. Dann können der Postbeamte und seine Helfer in der Schreibstube einen standardisierten Antwortbrief in den Umschlag stecken und das Kind mit Weihnachtspost beglücken. Die Kinder überall auf der Welt erfahren zum Beispiel, warum Rentier Rudi eine rote Nase hat und was der Weihnachtsmann in den letzten Tagen vor

Lothar Wille und Wolfgang Dipper mit der Weihnachtspost.

dem Fest noch alles erledigen muss.

An Spitzentagen trudeln über 3000 Kinderbriefe ein – manche kommen aus den entferntesten Winkeln des Erdballs und waren viele Wochen unterwegs. Doch nicht immer sind die Briefe unbeschwert und bar jeder Sorge. Krankheit und Tod, Trennung und Geldnöte – das sind die Kummerkasten-Themen in den Briefen. So gibt es einige Briefe, die nicht beim Weihnachtsmann landen, sondern bei der Polizei, beim Bürgermeister Lothar Wille oder beim Sozialpädagogen. So bekam der Bürgermeister den Brief eines Himmelpforteners, der ausgewandert war, um anderen zu helfen. Als der Mann dann selbst pleite war und nach Haus zurück wollte, wandte er sich an den einzigen, der noch helfen konnte – den Weihnachtsmann.

Weihnachtspostamt in der Villa von Issendorf

Wissenswertes zur Weihnachtspost

Der erste vorgedruckte Antwortbrief ging am 7. Dezember 1967 heraus.

Neben Himmelsthür und Nikolausdorf ist Himmelpforten die dritte offizielle Weihnachtsfiliale der Deutschen Post in Norddeutschland.

Weltweit ist Himmelpforten bekannt als „Christkinddorf" – das Attribut ist geschützt.

Das Himmelpfortener Christkindpostamt erhält acht Mal mehr Briefe als der Ort Einwohner hat – also rund zwischen 35.000 und 40.000 Briefe.

Die Adresse lautet: An das Christkind Postfach 100100 21709 Himmelpforten.

Weihnachtsgans

1 bratfertige Gans
Salz
Pfeffer
1 Tasse Wasser
2 Äpfel
1 Birne
1 EL Rosinen
1 TL Zimtzucker
3 EL Johannisbeergelee
Soßenbinder
1 Becher saure Sahne

Die Gans waschen, trocken tupfen und von außen und innen pfeffern und salzen. Das Obst schälen, würfeln, mit Zimtzucker und den Rosinen mischen und in die Gans füllen. Die Öffnung mit Zahnstocher zustecken oder mit Zwirn zunähen. Ebenfalls mit einem starken Faden die Schenkel und Flügel an die Gans binden. Den Ofen auf 175° vorheizen. Die Fettpfanne etwas einölen, die Gans mit dem Rücken nach oben in den Backofen schieben, mit etwas Wasser begießen und braten. Nach ca. 60 Minuten die Gans umdrehen, die Haut zwischen Schenkel und Brust mit dem Zahnstocher einstechen, damit das Fett austreten kann. 90 Minuten weiter braten, mehrmals mit Wasser und Bratenfond begießen. Für die letzten 30 Minuten den Backofen auf 225° stellen. Die Gänsebrust dünn mit Gelee bestreichen und die Haut schön kross und knusprig braten. Nach insgesamt drei Stunden Bratzeit die Gans heraus nehmen, die Fäden entfernen, die Füllung heiß stellen. Die Gans zerteilen und mit der Füllung auf einer vorgewärmten Platte anrichten. Eventuell Fett vom Soßenfond abfüllen. Den Fond mit Soßenbinder oder in Wasser angerührtem Mehl binden und mit der sauren Sahne und Pfeffer und Salz abschmecken.

Zum Gänsebraten passen Rotkohl oder Rosenkohl und Kroketten oder Kartoffelklöße.

Himmelsspeise

400 g tief gefrorene Himbeeren
2 Becher Sahne
100 g Baiser
3 EL Eierlikör
2 EL feine Schokostreusel Vollmilch

Die Sahne schlagen, mit großen Baiserkrümeln und den gefrorenen Himbeeren in eine Glasschüssel schichten. Alles etwa eine Stunde im Kühlschrank durchziehen lassen. Nach Geschmack mit Eierlikör und Schokostreusel garnieren. Die Himbeeren sollen „eisig", aber aufgetaut sein.

Bratapfeltorte

150 g Butter
100 g Zucker
1 Ei
250 g Mehl
1 Päck. Backpulver
10 kleine Äpfel
50 g Rosinen
rotes Gelee
1/2 l Milch
1 Päck. Sahnepuddingpulver
2 EL Zucker
1 Becher Schmand
150 g geblätterte Mandeln
1 EL Butter
1 EL Zimtzucker

Mit dem Handrührgerät und dem Knethacken einen geschmeidigen Mürbeteig herstellen. Eine dicke Platte ausrollen und eine Pie- oder gefettete Springform damit auslegen. Den Rand mit der Hand hoch drücken.

Die Äpfel waschen (nicht schälen), das Kerngehäuse ausstechen, mit dem Loch nach oben auf den Teig setzen. Gelee und Rosinen in die Äpfel füllen. Von knapp 1/2 l Milch und dem Sahnepuddingpulver einen Pudding kochen, etwas abkühlen lassen und den Becher Schmand unterrühren. Die Äpfel damit übergießen. Den Ofen auf 180° vorheizen, den Kuchen auf der mittleren Schiene ca. 45 Minuten backen. Dann die Mandelblätter, kleine Butterstückchen und Zimtzucker auf den Kuchen streuen und noch ca. 10-15 Minuten weiterbacken.

Apfel-Teepunsch

1 l naturtrüber Apfelsaft
1 EL Zitronensaft
1 l Apfelsinensaft
1 l Schwarzer oder Früchte-Tee
1 Zimtstange
5 Nelken

Alles zusammen erhitzen und gut durchziehen lassen.

Kutscherpunsch

1 Fl. Weißwein
1 Fl. Heller Traubensaft
50 g Zucker
1 EL Zitronensaft
nach Geschmack 1 Glas Kognak

Alles zusammen erhitzen und gut durchziehen lassen.

Hans-Peter Fitschen

Gifft dat enen Wiehnachtsmann?

De achtjährige Virginia O'Hanlon ut New York wull dat ganz genau weten. Dorüm schreev se an dat Daagblatt „Sun" enen Breef: „Ik bün acht Johr old. Een poor von mien Frünnen seggt, dat gifft kenen Wiehnachtsmann! Papa seggt, wat in de „Sun" steiht, is jümmer wohr. Bitte, seggt Se mi: Gifft dat enen Wiehnachtsmann?"

De Sook wür den Chefredakteur von de Sun so wichtig, dat he sienen besten Kolumnisten, Francis P. Church, den Opdrag geev, een Antwoort to schrieven - för de Titelsiet!

„Virginia, Diene lütten Frünnen sünd op'n Holtweg! Se gläuvt blot, wat se seht; se gläuvt, dat dor nix is un dat dat nix geven kann, wat se mit jümehrn lütten Grips nich foten köönt. Minschengeist is lütt! Bi Kinner jüst so as bi grote Lüüd. In'n Weltall verleert sik jümehr

Verstand as een lüürlütt Insekt. So'n Miegelreemgrips (Amei-
senverstand) reckt nich ut, üm de ganze Wohrheit to erfoten un to begriepen. Jo, Virginia, dat gifft enen Wiehnachtsmann. Dat gifft em so gewiss as de Leev un Groothartigkeit un de Tru. Wiel't all dat gifft, kann uns Leven scheun un höglich ween. Wo düster wür de Welt, wenn dat kenen Wiehnachtsmann geev! Dat geev denn ok kene Virginia, kenen Gloven, kene Poesie - reinweg gor nix. Allens, wat uns stark mookt, dit Leven

uttoholen, wür futsch. Een Flackerrest von sichtbor Scheunes bleev no. Ober dat Licht, de Phantasie ut de Kinnertiet müss verglösen (verlöschen). Dat gifft enen Wiehnachtsmann, anners kunnst Du de Märchen ok nich glöven. Gewiss, Du kunnst Dienen Papa bidden, he schall Hilligobend Lüüd losschicken, den Wiehnachtsmann to fangen. Und nüms von jüm bekeem den Wiehnachtsmann to Gesicht - wat wür dat bewiesen? Kenn Minsch sütt em eenfach so. Dat bewiest gor nix. De wichtigsten Soken blievt meisttiet unsichtbor. De Elfen to'n Bispill, wenn sie op Mondwischen danzt. Liekers gifft dat se!

Al de Wunner to denken - oder gor se to sehn - dat kann nüms, ok de mit den ansläägsten Kopp op de Welt nich.

Wat Du ok süst, Du süst nie allens. Du kannst een Kaleidoskop tweibreken, un no de scheunen Farvfiguren söken. Du warrst nix as een poor Schören (Scherben) finnen. Worüm? Wiel dat enen Sleier gifft, de de wohre Welt verhüllt, enen Sleier, den nich eenmol de Gewalt op de Welt tweirieten kann. Blot Gloov un Poesie un Leev köönt em lüchten. Denn warrt de Scheunheit un Herrlichkeit dorachter op'nmol to erken- nen ween. „Is dat denn ok wohr?" kannst Du frogen. Virginia, nix op de ganze Welt ist wohrer un nix bestänniger.

De Wiehnachtsmann leevt un ewig warrt he leven. Sogor in teinmol teindusend Johren warrt he dor ween, üm Kinner as Di un jeedeen open Hatt mit Freud to erfüll'n. Frohe Wiehnacht, Virginia."

Dien Francis Church

P.S.: De Breefwessel twüschen Virginia O'Hanlon un Francis P. Church stammt ut dat Johr 1897. He wür över een half Johrhunnert - bit de „Sun" 1950 instellt worrn is - alle Johr wedder to Wiehnachts- tiet op de Titelsiet von de Zeitung afdruckt.

© Hans-Peter Fitschen

Siegfried Lenz

Eine Art Bescherung

Damals lebten wir in einer Baracke mit Tarnanstrich, sieben Familien in sieben Räumen, und von den alten Jegelkas trennte uns nur eine Wand aus zerknittertem Packpapier. Wie eine Ansammlung von reglosen Schiffen lagen die Baracken in der verschneiten Ebene, leichte, hölzerne, transportable Bauwerke, kühn konzipiert von den Architekten des 20. Jahrhunderts, Gemeinschaftswasserleitung, Gemeinschaftstoilette, dazu von außen ein Tarnanstrich: weiße gezackte Zungen, dunkelgrüne hochschlagende Flammen, rostrote, ungleichschenkelige Dreiecke –: gegen Sicht waren wir sehr gut geschützt. Nachdem die Feuerwerker verschwunden waren, die hier während der letzten Kriegsjahre getarnt an einer Mehrzweck-Mine gefeilt hatten, machten sie die Baracken zu einem Auffanglager, zweigten ein Rinnsal von dem großen Treck ab und ließen die Baracken einfach vollaufen, bis jeder Winkel ausgenutzt war. Auch Mama wurde hier aufgefangen wie all die andern, die das Trapez der Geschichte verfehlt hatten; wir erhielten einen der sieben Räume und dekorierten ihn mit Sachen, die Mama während der ganzen Flucht mitgeschleppt hatte: mit dem Elchgeweih, dem riesigen Küchenwecker und dem Vogelbauer, in dem sie jetzt Papier aufbewahrte.

Wir hatten soviel zu tun, um satt zu werden, warm zu werden, daß wir uns um kein Datum kümmerten, und wir hätten auch nichts von Weihnachten gemerkt, wenn nicht Fred zurückgekommen wäre aus dem Donezbecken. Nur weil sie ihn zu Weihnachten aus der Gefangenschaft entlassen hatten, wußten wir, daß es uns bevorstand; doch obwohl wir es nun wußten, erwähnten wir es nie, forschten nicht heimlich nach Wünschen, handelten nicht lieb hinterm Rücken. Fred machte sich ein Lager aus Zeitungspapier, deckte sich mit seiner erdgrauen Wattejacke zu und schlief Weihnachten entgegen, vier Tage und vier Nächte, während Mama und ich frierend herumgingen und verhalten mit den alten Jegelkas zankten, um für Fred Ruhe zu schaffen. Als uns der Heilige Abend ereilt hatte, war immer noch kein Wort über Weihnachten gefallen, doch jetzt stand Fred auf, hauchte die Eisblumen vom Fenster, blickte lange über die traurige Landschaft Schleswig-Holsteins und zu dem rötlichen Himmel über der Stadt; dann ging er hinaus, rasierte sich über dem Gemeinschaftsausguß, und als er zurückkam, sagte er: „Ich fahr mal in die Stadt rüber."

Gegen Mittag spürte ich, daß Mama mich am liebsten rausgeschickt hätte, doch sie sagte nichts, und da nahm ich mir einen der kratzigen Zuckersäcke, verschwand heimlich, stapfte durch den Schnee zum Bahndamm, stieg den Bahndamm hinauf, dort wo die Steigung beginnt und die Züge langsamer fahren. Hinter einem Baum, einem harzverkrusteten Fichtenstamm, wartete ich. Es begann heftig zu schneien, und die Schienen blinkten matt in der Dämmerung. Ich trampelte, um die Füße warm zu bekommen, denn es war wichtig für den Sprung auf den fahrenden Zug; der Fuß muß den Sprung kalkulieren, verantworten: mit einem gefühllosen Fuß war man verraten wie der kleine Kakulka, der sich enorm verschätzte und es bezahlen mußte.

Den D-Zug, der wie ein Büffel durch das Schneetreiben donnerte, ließ ich in Ruhe, aber der Güterzug dann: von weitem schon hörte ich ihn rattern, schlingern, und ich kam hinter dem Baum hervor, machte mich fertig zum Sprung. Ich fühlte mich nicht sehr sicher, denn ich hatte kein verläßliches Gefühl im Sprungbein, doch ich war entschlossen, den Güterzug anzugreifen. Und da kam er heran: eine schwarze drohende Stirn, die durch das Schneegestöber stieß, die Lokomotive, der Tender, auf dem die Kohlen lagen, die uns Wärme bringen sollten an den Weihnachtstagen. Ich streckte die Hände aus, suchte nach dem Gestänge; in diesem Augenblick hörte ich den Ruf des Heizers, sah sein Gesicht, oder vielmehr das Weiße seiner Augen, das Weiße seiner Zähne, und ich entdeckte den gewaltigen Kohlenbrocken, den er über dem Kopf hielt und jetzt zu mir hinabschleuderte. Der Heizer wußte, daß wir manchmal an der Steigung des Bahndamms warteten, wenn die Kohlenzüge kamen: diesmal hatte er auf uns gewartet.

Ich schob den gewaltigen Brocken in den Zuckersack, rutschte den Bahndamm hinab, stapfte durch den Schnee zu den getarnten Baracken und blieb zwischen den Erlen stehen, als ein Schatten den Lehmweg herunterkam. Es war Fred. „Schnell", sagte er, „ich kann nicht solange draußen bleiben."

Er zeigte auf eine Zigarrenkiste; der Deckel hatte eine Anzahl von Luftlöchern, und im Kasten kratzte und scharrte und flatterte es. Gemeinsam betraten wir die Baracke, schoben uns zu unserem Apartment. „Woher kommst du?" fragte ich Fred. „Vom Schwarzen Markt", sagte er, „das ist eine sehr gute Einrichtung."

In unserm Raum hatte sich etwas verändert. Es war da eine ganz gewisse Verwandlung erfolgt. Auf einer Bierflasche steckte eine Kerze, und das Elchgeweih, das Mama als wesentliches Fluchtgepäck mitgeschleppt hatte, war mit Tannengrün behängt. Auch an den Wänden hing Tannengrün, nur der Küchenwecker war nackt und ungeschmückt – vielleicht, weil man kein Tannengrün an ihm befestigen konnte. Aber es hatte sich noch mehr verändert, und ich brauchte eine Weile, bis ich merkte, daß der Vogelbauer fehlte. „Wo ist denn der Käfig?" fragte Fred. „Hier", sagte Mama, und ließ uns in einen Topf blicken, in dem ein weißliches Stück Speck lag, „ich habe den Käfig eingetauscht gegen den Braten. Das ist mein Geschenk." – „Und das ist mein Geschenk", sagte Fred und gab Mama die Zigarrenkiste, in der es kratzte und scharrte und flatterte. Vorsichtig öffnete Mama die Kiste, doch nicht vorsichtig genug, denn als sie den Deckel lüftete, schoß ein Dompfaff heraus, kurvte durch den Raum und ließ sich erschöpft auf dem Küchenwecker nieder.

Jetzt wandten sich beide mir zu, blickten auf den Sack, forschend, räuberisch, und da erlöste ich sie aus der Ungewißheit und ließ mein dreißigpfündiges Geschenk herausplumpsen.

Später zerschlug ich den Kohlebrocken mit dem Hammer. Wir heizten ein, daß der Kanonenofen glühte und das Packpapier, das uns von den alten Jegelkas trennte, zu knistern begann vor der Hitze; und dann brachte Mama den geschmorten, glasigen Speck auf den Tisch: schweigend aßen wir, mit fettigen Mündern: nur unser Seufzen war zu hören, mit dem wir die Wärme in uns aufnahmen, ein tiefes, neiderregendes Seufzen über die unermessliche Wohltat, die uns geschah, und Fred zog seine erdbraune Wattejacke aus, ich den Marinepullover, so daß wir schließlich nur im Hemd dasitzen konnten – winters in einer Baracke im Hemd! – und auch jetzt noch die Wärme spürten, die unsere Gesichter rötete, das Blut in den Fingern klopfen ließ. Und dies vor allem spüre ich, wenn ich an das Weihnachten von damals denke: die erbeutete Wärme, und ich höre Mama sagen: „Daß sich keiner, ihr Lorbasse, unterstehen mecht', das Fensterche aufzumachen oder de Tier: den schmeiß ich eijenhändig raus, daß er Weihnachten haben kann mit de Fixe, pschakref."

NEUJAHRSWOCHE

Winterlandschaft im Land Hadeln

Segenswünsche für das Haus

Warum die Sternsinger am Dreikönigstag unterwegs sind

„Gold, Weihrauch, Myrrhe brachten sie mitten", so heißt es in einem alten Weihnachtslied. Auch heute kann es passieren, dass sie auf einmal vor der Tür stehen: Die drei Könige aus dem Morgenland. Sie tragen einen Stern mit sich und bringen den Segen Gottes von Haus zu Haus. Mit Kreide schreiben sie auf den Türrahmen „C + M + B", dazu die aktuelle Jahreszahl. „Christus mansionem benedicat" (Christus segne dieses Haus), so lautet ihr Segenswunsch.

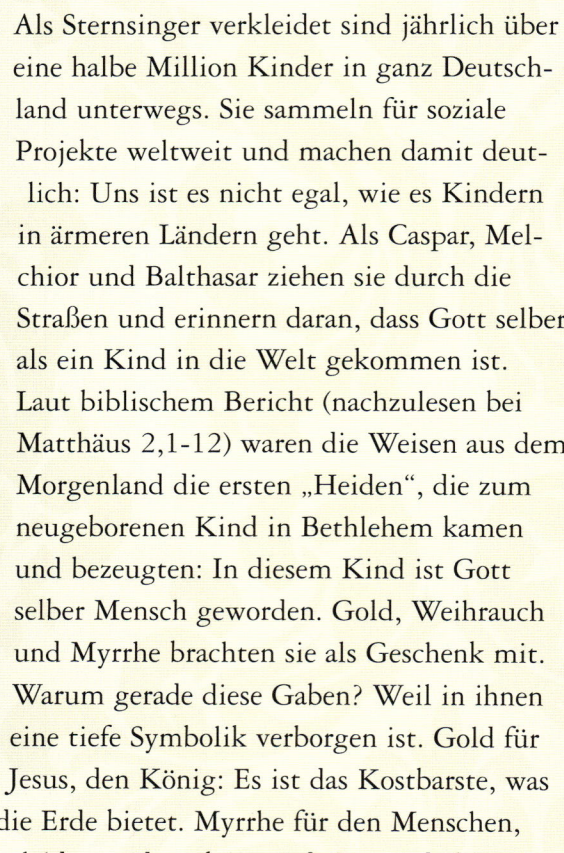

Als Sternsinger verkleidet sind jährlich über eine halbe Million Kinder in ganz Deutschland unterwegs. Sie sammeln für soziale Projekte weltweit und machen damit deutlich: Uns ist es nicht egal, wie es Kindern in ärmeren Ländern geht. Als Caspar, Melchior und Balthasar ziehen sie durch die Straßen und erinnern daran, dass Gott selber als ein Kind in die Welt gekommen ist. Laut biblischem Bericht (nachzulesen bei Matthäus 2,1-12) waren die Weisen aus dem Morgenland die ersten „Heiden", die zum neugeborenen Kind in Bethlehem kamen und bezeugten: In diesem Kind ist Gott selber Mensch geworden. Gold, Weihrauch und Myrrhe brachten sie als Geschenk mit. Warum gerade diese Gaben? Weil in ihnen eine tiefe Symbolik verborgen ist. Gold für Jesus, den König: Es ist das Kostbarste, was die Erde bietet. Myrrhe für den Menschen, der leiden und sterben wird: Sie wird als schmerzlindernde Medizin und zur Salbung von Toten verwendet. Weihrauch für den Gottessohn: Das duftende Harz findet sich schon im Alten Testament als Opfergabe zur Ehre Gottes.

Mit dem 6. Januar endet der Weihnachtsfestkreis und die Epiphaniaszeit beginnt. Und so sind für dieses Datum zwei Namen gebräuchlich: Dreikönigstag und Epiphanias. Ins deutsche übersetzt bedeutet das griechische Wort „Fest der Erscheinung des Herrn". Gefeiert wird also an diesem nach Ostern ältestem Fest der Christenheit, dass Gott selber in Jesus Christus Mensch geworden ist. (S. D.)

Zwischen den Jahren

Warum wir heute am 31. Dezember Silvester feiern

Im christlichen Abendland richtet sich unsere Zeitrechnung „nach Christi Geburt". Wäre es da nicht konsequent, das neue Jahr direkt nach Weihnachten beginnen zu lassen? So sahen es wohl auch früher viele Menschen, denn lange war nicht klar, wann das alte Jahr endet und das neue beginnt. Erst im 16. Jahrhundert wurde der 31. Dezember als letzter Tag des Jahres von der Gregorianischen Kalenderreform festgelegt. Noch einmal über 300 Jahre dauerte es dann, bis sich dieser Tag einheitlich in ganz Europa durchgesetzt hatte. So sprechen wir heute auch zu recht von der Zeit „zwischen den Jahren", wenn wir die Tage zwischen dem 25. Dezember und dem 6. Januar meinen. Denn der Jahresanfang war in verschiedenen Gegenden unterschiedlich festgelegt (am 25.12., 1.1. oder 6.1.).

Seit dem 17. Jahrhundert heißt der 31. Dezember „Silvester", in evangelischer Tradition auch „Altjahrsabend". Seinen Namen hat er von dem gleichnamigen Papst, der am 31. Dezember 335 starb. In allen Kirchen werden an diesem Tag Jahresschluss-Gottesdienste gefeiert, in denen das Vergangene bedacht und der Segen Gottes für das Neue Jahr erbeten wird.

Wünschen sich Menschen auf der Straße oder in den Geschäften einen „Guten Rutsch" oder „Hals- und Beinbruch", dann geben sie damit ehemals hebräische und jiddische Grüße weiter. Dort meinen sie „einen guten Anfang" sowie „Glück und Segen". Was so gänzlich profan klingt, sind also fromme Wünsche, die in dieser Zeit gewechselt werden. Wünsche nach Begleitung und Schutz durch Gott, der Zeit und Ewigkeit in seinen Händen hält.

„Von guten Mächten wunderbar geborgen, erwarten wir getrost, was kommen mag. Gott ist bei uns am Abend und am Morgen und ganz gewiss an jedem neuen Tag." So hat es Dietrich Bonhoeffer in seiner Gefängniszelle am Silvesterabend 1944 in einem Brief an Familie und Freunde formuliert. Auch heute noch berühren diese Worte in ihrer Tiefe und Schönheit und geben Gewissheit im Übergang vom Alten ins Neue. (S. D.)

Von guten Mächten treu und still umgeben

Von guten Mächten treu und still umgeben,
behütet und getröstet wunderbar,
– so will ich diese Tage mit euch leben
und mit euch gehen in ein neues Jahr.

Noch will das alte unsre Herzen quälen,
noch drückt uns böser Tage schwere Last,
ach, Herr, gib unsern aufgescheuchten Seelen
das Heil, für das Du uns bereitet hast.

Und reichst Du uns den schweren Kelch, den bittern
des Leids, gefüllt bis an den höchsten Rand,
so nehmen wir ihn dankbar ohne Zittern
aus Deiner guten und geliebten Hand.

Doch willst Du uns noch einmal Freude schenken
an dieser Welt und ihrer Sonne Glanz,
dann wolln wir des Vergangenen gedenken,
und dann gehört Dir unser Leben ganz.

Laß warm und still die Kerzen heute flammen,
die Du in unsre Dunkelheit gebracht,
führ, wenn es sein kann, wieder uns zusammen.
Wir wissen es, Dein Licht scheint in der Nacht.

Wenn sich die Stille nun tief um uns breitet,
so laß uns hören jenen vollen Klang
der Welt, die unsichtbar sich um uns weitet,
all Deiner Kinder hohen Lobgesang.

Von guten Mächten wunderbar geborgen,
erwarten wir getrost, was kommen mag.
Gott ist mit uns am Abend und am Morgen
und ganz gewiß an jedem neuen Tag.

Dietrich Bonhöffer, 1944 (1906-1945) in der Todeszelle in Flossenbürg gedichtet
© by Gütersloher Verlagshaus, Gütersloh, in der Verlagsgruppe Random House GmbH, München

Ein ruhiger Moment – allein

Wie halten Sie es zu Neujahr? – Ich gebe zu: Ich feiere dann gern. Ich treffe mich mit Freunden, wir kochen zusammen und tun all die Dinge, die man hierzulande zu Neujahr eben tut: „Dinner for one" sehen, Mitternacht mit Sekt anstoßen und allen ein gutes neues Jahr wünschen, böllern, Blei gießen, Knallbonbons... das „ganze Programm".

Auf gar keinen Fall aber darf eins fehlen: Ein ruhiger Moment – ganz für mich allein – unter dem freien Himmel. Da denke ich noch einmal an das vergangene Jahr zurück. An all die schönen Erlebnisse, und auch an die schweren, lasse alles noch einmal Revue passieren. Gibt es etwas, das ich im nächsten Jahr anders machen möchte?

Was wünsche ich mir am meisten für das neue Jahr? Und wenn ich dann in den Sternenhimmel schaue, überkommt mich jedes Jahr aufs Neue das Schauern: So groß, so unermesslich riesig und so wunderbar ist diese Welt und das Weltall – und so klein und winzig bin ich. Und trotzdem glaube ich, dass Gott mich sieht und mich kennt. Wie in dem Kinderlied „Weißt du, wie viel Sternlein stehen". Und dass er mich auch im kommenden Jahr begleitet und beschützt. Und wenn es sein Wille ist, wird vielleicht auch mein kleiner (oder großer) Wunsch für das neue Jahr Wirklichkeit...

Das gibt mir immer wieder Ruhe und Kraft. So fängt für mich das neue Jahr gut an.

Pastorin Katharina Hallbauer

Kirchengemeinde Apensen

Sonja Domröse

Das Orgelparadies des Nordens

Zwischen Elbe und Weser gibt es Orgeln von weltweiter Bedeutung

Oft liegen die größten Schätze direkt vor der Haustür. Für die Orgelregion zwischen Elbe und Weser trifft dies zumindest zu. Denn der Orgelreichtum dieses Landstriches ist von internationaler Bedeutung. Und dies ist vor allem einem Mann zu verdanken. Sein Name: Arp Schnitger (1648 – 1719). Neben Gottfried Silbermann, dem Erbauer der berühmten Orgel der Frauenkirche in Dresden, gilt er als einer der berühmtesten Orgelbauer aller Zeiten. Viele Jahre hat er im Alten Land in Neuenfelde auf seinem Orgelbauerhof gelebt und gearbeitet. In der dortigen St. Pankratius-Kirche ist sein Grab bis heute zu finden. Schon vor mehr als 300 Jahren war er ein „Global Player", der in seinem weltweit tätigen Betrieb Geschäftskontakte bis nach Übersee aufbaute. Und so finden sich Arp-Schnitger-Orgeln nicht nur in England, Russland, Spanien oder Portugal, sondern sogar in Brasilien.

Aber die größte Vielfalt seiner weltberühmten Orgeln findet sich im Land zwischen Elbe und Weser. Denn die Ballung historisch bedeutsamer Instrumente ist hier einzigartig. Auf einer Entfernung von nur gut zwölf Kilometern findet sich zwischen Neuenfelde,

Arp-Schnitger-Orgel in Jork

Wilde/Schnitger-Orgel in Lüdingworth

Furtwängler-Orgel in Buxtehude

Peternell-Orgel in Osten

Estebrügge, Jork, Borstel, Mittelnkirchen, Steinkirchen und Hollern-Twielenfleth eine einzigartige Sammlung bedeutender Orgeln. Welche städtische Region, ja, welche Metropole hat solch einen musikalischen Reichtum zu bieten?

Die Orgelkultur dieser Region mit ihrer mehr als 500jährigen Tradition sorgt auch heute noch für manche Überraschungen. So fand unlängst der Freiburger Musikwissenschaftler Konrad Küster im Rahmen seiner Forschungen heraus, dass es im Jahr 1390 in Buxtehude eine Organistin gegeben hat. „Das hat etwas Abenteuerliches an sich – doch der sprachliche Befund ist eindeutig", so der Musikprofessor. Erst kürzlich hat Küster in Lüdingworth eine ähnlich spektakuläre Entdeckung gemacht. Er fand dort eine Handschrift, die als ältestes Zeugnis norddeutscher Orgelkultur gilt: Die „Tabulatur Lüdingworth" mit Musik aus der Zeit um 1550 – 1570. Ihr verdankt nach Küsters Worten Johann Sebastian Bach Grundlagen seiner Kunst.

Die Orgel gilt als die „Königin der Instrumente". Dies hat sie nicht nur ihren gewaltigen Ausmaßen und ihrem äußerst komplexen Aufbau zu verdanken. Sondern

Arp-Schnitger-Orgel in Neuenfelde

auch ihrem besonderen Stellenwert im kulturellen Gedächtnis und der religiösen Tradition. Denn eine Orgel hat eine besondere Funktion, die sie von allen anderen Musikinstrumenten unterscheidet. Sie erklingt zur Ehre Gottes und zur Freude der Menschen. „Soli Deo Gloria" – auf deutsch: „Gott allein die Ehre" – diese Widmung finden wir bis heute auf vielen Orgelprospekten.

Worin aber liegt die Kraft der Musik, ihre Faszination und heilsame Wirkung? Musik ist stark. Sie spricht nicht nur unseren Verstand, sondern vor allem unser Herz, unsere Emotionen an. Martin Luther hat dies wunderbar beschrieben: „... das einige kann ich itzt anzeigen, welches auch die erfahrung bezeiget, das nach dem heiligen wort Gottes nichts so billich und so hoch zu ruehmen und zu loben, als eben die Musica... Denn nichts auff Erden heftiger ist, die Traurigen froelich, die Froelichen traurig, die Verzagten hertzenhafftig zu machen, die Hoffertigen zur Demut zu reitzen, die hitzige und übermessige Liebe zu stillen und dempfen, den neid und hass zu mindern."

Die „Orgellandschaft zwischen Elbe und Weser", veranstaltet von der Orgelakademie Stade e.V., lädt jedes Jahr im Spätsommer zur einer Konzertreihe mit einer Vielzahl von Konzerten an historischen Orgeln im Raum zwischen Elbe und Weser ein. Orgelkurse sowie Orgelreisen und -exkursionen sind ebenfalls im Programm. Und auch für Familien gibt es ein spezielles Angebot: Bei „Alte Orgeln für junge Menschen" lernen bereits Kinder, die Faszination dieser „Königin der Instrumente" zu schätzen.

Internet: www.orgelakademie.de

Von der Schönheit alter Orgeln

Peter Golon hob die Orgelakademie mit aus der Taufe

Wilfried Stief

Die Lamstedter Kirche bekam 1907 eine neue Orgel. Es war die Spende eines nach Amerika ausgewanderten Kaufmanns. Damit hatte das alte Stück ausgedient: Das Instrument – von Arp Schnitger 1692 erbaut – wurde abgebrochen und verschwand für immer. Nur ein paar Verzierungen blieben unbeachtet zurück. Die

Peter Golon

entdeckte der Pastorensohn Peter Golon fast 50 Jahre später auf dem Dachboden der Kirche. Er bewahrte sie in seinem Zimmer auf und hütete sie fortan wie einen Schatz. Doch die Mühe war vergeblich. Irgendwann warf seine Mutter „die Holzstücke" in den Ofen.

Vielleicht sind es solche Geschich-

ten und Erlebnisse, die leise weiterwirken, die Weichen stellen und den Zug des Lebens aufs richtige Gleis setzen. Peter Golon führt seit Jahrzehnten den Kampf gegen Unwissenheit und Gleichgültigkeit. In den zurückliegenden Jahren vor allem als Geschäftsführer der 2002 gegründeten Orgelakademie Stade.

Peter Golon lernte seine spätere Wirkungsstätte in den 1950er Jahren als frisch gebackener Schüler des Stader Gymnasiums Athenaeum kennen. Im Klavier- und Orgelspiel schulte er seine Fähigkeiten da schon einige Zeit. Nach der Lamstedter „Spendenorgel" bekam er nun die Erasmus-Biel-

feldt-Orgel in St. Wilhadi unter Finger und Füße.

An ein Erlebnis aus dem Jahre 1962 erinnert sich Peter Golon noch genau. Die ganze Orgelfachwelt kam nach Stade, um der Einweihung der restaurierten Orgel in St. Wilhadi beizuwohnen. „Ich durfte registrieren und war mächtig stolz", blickt Golon zurück. Helmut Winter vom NDR – „mein väterlicher Freund" (Golon) – spielte das Einweihungskonzert. „Durch Zufall bekam ich mit, wie Winter in einem Nebenraum mit dem Orgelbauer aneinander geriet", erzählt Golon. Dabei fiel der Satz „Sie haben dieses Instrument auf dem Gewissen." Dieser Satz traf den 15-Jährigen wie ein Hammerschlag.

Mit Sinn füllte sich diese Begebenheit im Laufe der Jahre. Heute weiß Golon, dass viele Orgeln „totrestauriert" worden sind. Handwerker verwendeten in den 1950er und 1960er Jahren neue Materialien in dem Glauben, diese seien besser. Was nicht stimmte: Weder handwerkliches Können noch die Qualität des Hergestellten erreichte das Format der viele hundert Jahre alten Orgelbaukunst. Viele Orgeln sind so ruiniert worden.

1979 kam Peter Golon als Pastor

nach St. Wilhadi. Auch wenn er dann doch nicht Musik, sondern – wie sein Vater – Theologie studiert hatte, haben ihn die Orgeln nie losgelassen. Peter Golon führt sogar seine Heimatverbundenheit auf die Orgeln und die Landschaft zurück: „Wenn ich durch die kernige Landschaft Hadelns fahre, kommt mir unweigerlich der Klang der Orgeln in den Sinn." Sowieso ist es für ihn fast ein Wunder, zumindest aber wunderbar, dass die Vorfahren hierzulande einen solchen Orgelreichtum schufen.

Ein Glücksfall sei es, so Golon, dass Martin Böcker, Kirchenmusiker und Orgelsachverständiger, nach Stade gekommen sei. Gemeinsam hätten sie in den 1990er Jahren so vor sich hin gesponnen, was alles machbar wäre, wenn doch nur… Und plötzlich war Geld da, erinnert sich Peter Golon. Nach fruchtbarer Aufbauarbeit entstanden die Stader Orgelakademie und die Arbeitsgemeinschaft mit dem Organeum in Weener, die als „Nomine" (Norddeutsche Orgelmusikkultur in Niedersachsen und Europa) bekannt ist.

Nach so vielen Erfolgen müsste doch der Kampf gegen Unwissenheit und Gleichgültigkeit gewon-

nen sein. „Noch lange nicht", schüttelt Peter Golon den Kopf. Auch wenn immer mehr Menschen um die Schätze vor ihrer Haustür wüssten.

Restaurierte Orgel in der Stader St. Wilhadi-Kirche.

Wilfried Stief

Wo Menschen singen...

Kirchenmusikerin Monika Rondthaler ist infiziert von Sangesfreude

Wenn sie um Ruhe bittet, wird es still in der Kirche. Augenblicke später setzt ein Fingerzeig von ihr eine Schar von Menschen in Bewegung. Sie sei streng, sagt Monika Rondthaler über sich selbst. Aber was die Menschen aufhorchen und ihr folgen lässt, ist das Wissen um ihre Fähigkeiten. Wenn die vielen Sängerinnen und Sänger sich von der ausgebildeten Kirchenmusikerin anspornen lassen, wissen sie, dass am Ende eine Leistung steht, die Freude macht.

„Menschen zum Singen zu ermuntern, das ist eine wichtige Aufgabe, denn Singen ist Therapie für die Seele und fördert die Gemeinschaft", sagt die in Neuhaus an der Oste lebende Musikerin. Beim Ermuntern zum Singen scheint sie unermüdlich: So trifft sich etwa in Neuhaus eine kleine Schar Gemeindemitglieder, um gemeinsam zu singen und sogar zu tanzen.

Ganz anders arbeitet Monika Rondthaler mit dem Projektchor „Musica Sacra", dem Sängerinnen und Sänger aus dem ganzen norddeutschen Raum angehören. Alle vier Wochen treffen sich diese fast professionellen Laien, um anspruchsvolle Chormusik einzustudieren. In der zweiten Jahreshälfte gibt es dann eine handvoll Konzerte. Monika Rondthaler leitet auch den Gemischten Chor Osten, einen „weltlichen" Chor, der in der Kirche und bei Konzerten singt. Zu den großen Erlebnissen dort zählte das Weihnachtsoratorium „Die Geburt Christi" von Heinrich von Herzogenberg.

Wenn Monika Rondthaler von ihren Chorproben erzählt, tritt

Erstaunliches zutage. Ein Konzert sei „nur" ein Abfallprodukt, sagt sie. Das wirklich Spannende seien die Proben. Dort müsse eine besondere Atmosphäre die Menschen einen. So entstehe in vielen gemeinsamen Stunden eine Innigkeit, die starke Verbindungen schaffe. Und weil schöne Musik nur aus der Stille heraus entsteht, ist sie eben auch ein bisschen streng.

Mit ihrer unbändigen Lust zu singen, hat sie viele angesteckt. Sie selbst wurde schon in ihrer Kindheit infiziert. „Meine Mutter hat viel mit uns gesungen", erinnert sich Monika Rondthaler. Als Sechsjährige besucht sie die Singklasse der Jugendmusikschule in Hamburg. Ihr größter Wunsch damals: ein Klavier.

Monika Rondthaler, seit Jahren mit einem Pastor verheiratet, kommt aus einem kirchenfernen Elternhaus. Erstaunt waren ihre Eltern damals, als sie den Wunsch äußerte, sich intensiv mit Kirchenmusik zu beschäftigen. Andere Teenager blickten damals zum Rock'n'Roll.

1967 bestand Monika Rondthaler ihr Kirchenmusiker-Examen an der Hochschule für Musik und Darstellende Kunst in Hamburg. Ihre erste Anstellung fand sie in Hamburg-Marmstorf. „Die Kirche war immer voll, es wurde viel gesungen", erinnert sich die Musikerin. Dort lernte sie auch ihren Mann kennen, er sang in ihrem Chor die Bassstimme.

Nach einem Zwischenspiel bei

Monika Rondthaler

Rotenburg/Wümme kamen die Rondthalers 1982 nach Neuhaus. Den Orgeldienst macht Monika Rondthaler dort und in Belum nebenamtlich, alles andere ist ehrenamtliche Arbeit. Die Provinz an der Oste entpuppte sich schnell als Schatztruhe. Neuhaus hat nämlich ein 1745 von dem Stader Orgelbauer Dietrich Christoph Gloger erbautes Instrument.

Wer könnte den Menschen diese Schätze besser näher bringen, als eine fachkundige Kirchenmusikerin wie Monika Rondthaler. Dutzende von Menschen bringt sie dazu, sich aufs Fahrrad zu setzen und mit ihr die Orgeln der Umgebung zu erkunden. Und die Musikerin ist Pädagogin genug, um auch den Nachwuchs zu begeistern. Dann erklingen auch Lieder von den „Toten Hosen". Da soll noch einer sagen, Monika Rondthaler sei streng.

Weihnachtskonzert in der St.-Petri-Kirche in Osten

Silvestersuppe

4 EL Öl
1 kg Hackfleisch
4 Zwiebeln
2 Stangen Porree
1 kg Möhren
1 Dose Minichampignons
2 l Brühe
Pfeffer, Salz, Paprika, Oregano
2 Becher Sahne
2 Becher Schmelzkäse
1 Becher Joghurt
(Für 10 Personen)

Das Hackfleisch in mehreren Portionen anbraten. Zwiebeln und Porree in Ringe schneiden und mitdünsten. Die Möhren putzen, grob raspeln und zum Fleisch geben. Die Brühe auffüllen und die Suppe 20 Minuten garen. Pilze, Sahne, Käse und die restlichen Zutaten hinzufügen und nochmals kräftig abschmecken, eventuell etwas binden. Dazu Baguette reichen.

Silvestercocktail

1 l Orangensaft
1 l Grapefruitsaft
1 l Zitronensaft
1 Flasche Erdbeerlikör
1 Flasche Sekt oder Selter

Alles zusammen mixen und gut durchziehen lassen.

Feiner Kartoffelsalat

1 kg kl. festkochende Kartoffeln
1 Tasse heiße Brühe, 2 EL Essig
2 gekochte Eier
1 kleine Dose Mais
3 kleine saure Gurken
3 Scheiben gekochter oder roher Schinken
1 Tasse Mayonnaise
1 Becher Joghurt
1 Becher Frühlingsquark
Salz, Pfeffer und 1 TL Zucker
2 EL gehackte Petersilie oder TK Kräuter

Die Kartoffeln knapp 20 Min. kochen, mit kaltem Wasser abgießen und pellen, in Scheiben schneiden und mit einer Mischung aus starker Brühe und Essig übergießen und durchziehen lassen. Die fest gekochten Eier, die sauren Gurken in Scheiben und den gekochten Schinken in Würfel schneiden und vorsichtig mit dem Mais unter die Kartoffeln mischen. Aus den übrigen Zutaten ein soßenartiges Dressing zubereiten, mit Salz, Pfeffer und Zucker abschmecken und auf den Salat geben. Vorsichtig unterheben und durchziehen lassen. Mit Petersilie garnieren.

Barbara Bartos-Höppner

Hol über, Fährmann

In der Weihnachtszeit sorgt die Natur nicht selten mit Hagel und Schneesturm und sogar mit Blitz und Donner für Unruhe. Und so mag es sein, dass sich in einer Nacht, in der es über die Häuser tobt, als sollte die Welt einstürzen, manch einer daran erinnert, dass jetzt auch die Zeit des Wilden Jägers gekommen ist, jenes heidnischen Gottes, auch Wotan genannt, der den Christen vor ihrem großen Fest noch einmal mitsamt seiner wilden Jagdgesellschaft versucht das Fürchten zu lehren.

Deshalb soll jenes Geschehen erzählt werden, das sich wahrhaftig einmal zugetragen hat, an einem Fluss, in einer Zeit, in der es noch nicht viele Brücken gab. Es war an einer Stelle, an der das eine Flussufer mit dem anderen durch eine Fähre verbunden wurde.

In einer der Zwölf Nächte, das sind die Nächte zwischen dem ersten Weihnachtstag und Dreikönige, hörte ein Fährmann den Ruf „Hol über!" in seinem kleinen Fährhaus. Er hatte sich längst seine Stiefel ausgezogen, die Jacke an den Haken gehängt und es sich auf der Bank bequem gemacht. Denn nach aller Erfahrung war mit dem Einbruch der Dunkelheit kein Mensch mehr zu erwarten, der ans andere Ufer wollte. Der Fährmann stand sogleich auf, um seinem Geschäft nachzukommen, und noch während er in die Stiefel fuhr, hörte er diesen Ruf schon wieder. Die Stimme kam ihm seltsam vor. Sie gehörte zu keinem, den er kannte, und es waren doch immer dieselben Leute, die „Hol über" riefen.

Jetzt war es schon wieder zu hören, während er die Laterne vom Haken nahm. Er öffnete die Tür. In diesem Augenblick fuhr ihn der Sturm an. Merkwürdig, dachte der Fährmann, im Hause habe ich keinen Sturm gehört. Jetzt aber musste er sich gegen ihn stemmen. Dazu war die Nacht so dunkel, dass er nicht einmal die Hand vor Augen sehen konnte, und wenn er die Laterne nicht gehabt hätte, er hätte nicht zu seiner Fähre gefunden. Und dabei hatte er immer gedacht, dass er den Weg mit verbundenen Augen gehen könnte.

Als er schließlich auf den hölzernen Bohlen stand, fühlte er sich sicher und fing sofort an, am Tau zu ziehen. Zuerst kam es ihm vor, als ob die Fähre nicht von der Stelle wollte, aber nachdem er eine Weile ordentlich zugepackt hatte, ging alles viel leichter als sonst, und er war auch viel schneller am anderen Ufer als gewöhnlich. Er machte die Fähre fest, nahm die Laterne und wollte sie in die Höhe halten, um zu sehen, wem er dienstbar sein sollte. Da stolperte er. Die Laterne fiel ihm aus der Hand, er stand in tiefer Finsternis da. Im gleichen Augenblick hörte er sich angesprochen.

„Fährmann, wie viel Lohn verlangst du für deinen Dienst?"

Er nannte den Preis pro Reiter und Pferd und wusste selbst nicht, wie er dazu kam. Aber er war sicher, dass er außer Menschen auch Pferde übersetzen sollte, viele Menschen und viele Pferde. Er versuchte zu erkennen, wer vor ihm stand, aber die Nacht war zu dunkel und der Sturm heulte zu sehr. Also blieb ihm nichts anderes übrig als zu warten. Auf einmal spürte er, wie die Fähre schwerer und schwerer wurde, dass Pferdehufe auf die Bohlen traten und

die Pferde sich schnaubend und prustend zusammendrängten. Und je mehr es wurden, desto kälter wurde es.

Auf einmal kam jemand nahe an ihn heran. „Setz über, Fährmann!"

Ein eisiger Atem fuhr ihm ins Gesicht, der Sturm heulte noch lauter, und die Hufe klopften wie Hämmer auf das Bohlenholz.

Wieder schlang er das Tau von dem Pfosten, und die Fahrt ging los. Obwohl die Fähre bis an den Rand beladen sein musste, glitt sie leicht durch das Wasser, so leicht, wie er noch niemals sein Fähre vorangebracht hatte. Am anderen Ufer machte er die Taue fest, und die Fähre lag still. Jetzt wollte er wissen, wen er gefahren hatte. Er fasste sich ein Herz und sagte: „Damit ich meinen Lohn berechnen kann, sagt mir, wie viel ihr seid, ich meine, wie viele Reiter und wie viele Rosse?"

In diesem Augenblick fuhr ihm eine Bö ins Gesicht, und gleichzeitig spürte er, dass ihm etwas in die Hände gedrückt wurde: Kalt, nass und haarig fühlte es sich an. Aber es gab keinen Zweifel, es war ein Fellbeutel mit Geldstücken darin. Dem Fährmann brach der Schweiß aus. Während er auf sein Fährhaus zuwankte, bemerkte er, dass er die Laterne wieder in der Hand hatte und dass sie brannte. Jetzt schlugen ihm die Zähne aufeinander und die Finger zitterten ihm. Im Haus warf er sich todmüde auf die Bank und schlief ein.

Er hatte beängstigende Träume und war wie erlöst, als er am nächsten Morgen erwachte. Sofort war die Erinnerung da. Er richtete sich auf und sprang zur Tür. Die Fähre! Wenn die Fähre an ihrem Platz lag, war alles nur ein Traum gewesen.

Und die Fähre lag an ihrem Platz. Er lief hinunter und befühlte das Tau, mit dem sie am Pfosten festgemacht war.

„Es ist wirklich nur ein Traum gewesen", sagte er vor sich hin. Dann aber sah er die Hufeisen. Nein, nicht die Hufeisen selbst, er sah, dass in die Bohlen der Fähre ein Hufeisen neben dem anderen eingebrannt war. Jetzt dämmerte ihm, wen er in dieser Nacht vom anderen Ufer herübergeholt hatte. Niemand sonst als der Wilde Jäger war es gewesen, der ihm das „Hol über" zugerufen hatte. Da überfiel den Fährmann von neuem ein Zittern. Er ging in sein Haus zurück und sah dort neben der Bank den kleinen Fellbeutel liegen. Als er ihn öffnete, waren darin nicht Kupfermünzen, wie sie ihm für seine Dienste zustanden, sondern Silber und Gold. Wieder ließ der Fährmann sich zitternd auf sein Lager fallen.

Später am Tag, als er einmal in den Spiegel sah, um sein Haar glatt zu streichen, erkannte er sich kaum wieder, denn sein braunes Haar war schneeweiß geworden.

Nun holte er den Kalender hervor, begann zu zählen und errechnete, dass die vergangene Nacht die Erste der heiligen Zwölf Nächte gewesen war. Weil er nun allein lebte und ihm niemand zur Erlösung einen grünen Zweig in die Stube brachte, wartete er darauf, dass die Glocken in der Stadt zu läuten anfingen. Und als er die Glocken hörte, ging er aus dem

Haus, ohne sich Gedanken darüber zu machen, ob in der nächsten Stunde einer käme, der „Hol über" riefe oder nicht.

Der Fährmann hatte nur einen Wunsch: Er wollte in der Kirche die Krippe sehen, die ihn von allem Unheil erlösen würde.

ADRESSEN UND TERMINE ZUR ADVENTS- UND WEIHNACHTSZEIT

Weihnachts- und Kunsthandwerkermärkte zwischen Elbe und Weser

Bremen

Weihnachtsmarkt und Schlachte-Zauber vom 1. Adventswochenende bis Weihnachten, rund um Rathaus und Roland mit über 170 Ständen.
Infos: Bremer Touristik-Zentrale, Tel.: 0421/308000
Internet: www.bremen-tourism.de

Hamburg

Historischer Weihnachtsmarkt vom 1. Adventswochenende bis Weihnachten auf dem Rathausmarkt mit Themengassen.
Weihnachtsmarkt an der Petri-Kirche vom 1. Adventswochenende bis Silvester rund um die Petri-Kirche.

Infos: Hamburg Tourismus, Tel.: 040/30051800
Internet: www.hamburg-tourismus.de

Buxtehude

Weihnachtsmarkt am 3. Adventswochenende in der historischen Altstadt auf dem Petriplatz und Stavenort.
Infos: Altstadtverein Buxtehude, Tel.: 04161/85352

Cuxhaven

Weihnachtszauber am Schloss vom 1. Adventswochenende bis Weihnachten. Romantischer Weihnachtsmarkt mit rund 40 Ständen, täglichen Märchenlesungen und stimmungsvoller Beleuchtung im Schlosspark von Schloss Ritzebüttel.
Infos: Stadtmarketing Cuxhaven, Tel.: 04721/690951
Internet: www.stadtmarketing-cuxhaven.de

Drochtersen

Kunstmarkt am 1. Adventswochenende in Mehrzweckhalle am Sportplatz.
Infos: Gemeinde Drochtersen, Tel.: 04143/919-121

Himmelpforten

Christkindmarkt im Christkinddorf Himmelpforten vom 1. bis 2. Adventswochenende rund um die Villa Issendorf mit Kunsthandwerk und Bühnenprogramm.
Infos: Gemeinde Himmelpforten, Tel.: 04144/20990
Internet: www.christkindmarkt-himmelpforten.de

Kuhla

Weihnachtsmarkt auf Gut Kuhla bei Himmelpforten, am 2. und 3. Adventswochenende. Weihnachtsmarkt auf dem Hof und in den Hofgebäuden von Gut Kuhla mit Kunsthandwerk und musikalischem Programm.

Infos: Otto und Viktoria von Gruben, Tel.: 04144/5801
Internet: www.gutkuhla.de

Ihlienworth

Weihnachtsartikel und Leckereien gibt es im Landfrauenmarkt im kleinen Dorf Ihlienworth zwischen Bad Bederkesa und Otterndorf. Im Dezember ist an den Adventswochenenden geöffnet.
Infos: Inge tum Suden, Tel.: 04757/8742
Internet: www.landfrauenmarkt.de

Jork

Altländer Weihnachtsmarkt im Museum Jork.
Infos: Gemeinde Jork, Tel.: 04162/91470
Internet: www.jork.de

Oberndorf

Weihnachtsmarkt rund um die Kirche. Beschaulicher Markt mit Kunsthandwerkerständen und Rahmenprogramm am 1. Adventswochenende

Infos: Fremdenverkehrsverein Oberndorf, Tel.: 04772/221
Internet: www.wingst.de

Rotenburg

Weihnachtsmarkt im Heimatmuseum am 1. und 2. Adventswochenende. Niveauvoller Kunsthandwerkermarkt mit Café um eine offene Feuerstelle, rund 50 Stände.
Infos: Heimatbund Rotenburg,
Sarina Tappe, Tel.: 04261/4520
Internet: www.heimatbund-rotenburg.de

Stade

Weihnachtsmarkt von Ende November bis Weihnachten. Rund 70 Stände auf Fisch- und Pferdemarkt, Besuch der schwedischen Lichterkönigin Lucia, mehrere Bühnen.

Infos: Arbeitsgemeinschaft Aktuelles Stade,
Wolfgang Tannenberg, Tel.: 04141/542563
Internet: www.aktuelles-stade.de

Verden

Verdener Weihnachtsmarkt vom 1. Adventswochenende bis Weihnachten. Handwerkermarkt mit rund 30 Ständen am Rathausplatz.
Infos: Tourist-Information Verden, Tel.: 04231/12345
Internet: www.verden.de

Worpswede

Kunsthandwerkermarkt im Rathaus am Wochenende vor dem 1. Advent. Geboten wird Kunsthandwerk aus der Region. Und: Weihnachtsmarkt am 1. Adventswochenende in der Music Hall Worpswede.
Infos: Gästeinformation für Worpswede und das Teufelsmoor, Tel.: 04792/935820

Kreisverbände der Landfrauenvereine im Elbe-Weser-Dreieck

Kreisverband der Landfrauenvereine Stade

Vorsitzende Renate Kühlcke-Schmoldt
Kajedeich Nr. 8
21734 Oederquart
Tel.: 04779/381 • Fax: 04779/1420

Kreisverband der Landfrauenvereine Bremervörde

Vorsitzende Margret Pape
Am Bruuk 2
27432 Basdahl
Tel.: 04766/210

Kreisverband der Landfrauenvereine Zeven

Vorsitzende Marlies Schröder
Glinstedt Zevener Straße 20
27442 Gnarrenburg
Tel.: 04285/432 • Fax: 04285/925251

Kreisverband der Landfrauenvereine Land Hadeln

Vorsitzende Anne Dieckmann
Sethlerhemmer Straße 34
21745 Hemmoor
Tel.: 04771/2119 • Fax: 04771/5959

Kreisverband der Landfrauenvereine Osterholz

Vorsitzende Hildegard Mattfeld
Steenstraße 11
27721 Ritterhude
Tel.: 0421/637009 • Fax: 0421/8006894

Kreisverband der Landfrauenvereine Rotenburg

Vorsitzende Ilse-Marie Schröder
Wiesteweg 2
27367 Reeßum-Bittstedt
Tel.: 04264/87120 • Fax: 04264/87086

Kreisverband der Landfrauenvereine Verden

Vorsitzende Birgit Stöver
An der Aue 16
27337 Blender-Intschede
Tel.: 04233/94040 • Fax: 04233/94042

Kreisverband der Landfrauenvereine Wesermünde

Vorsitzende Anke Heesemann-Prenzler
Hauptstraße 9
27628 Bramstedt-Lohe
Tel.: 04748/2306 • Fax: 04748/931110

Kreisverband der Landfrauenvereine Harburg

Vorsitzende Karin Plate
Langeloh Nr. 2
21255 Tostedt
Tel.: 04182/1243 • Fax: 04182/293422

Niedersächsischer LandFrauenverband Hannover

Johannssenstraße 10
30159 Hannover
Tel.: 0511 / 353960-0
Fax: 0511 / 353960-15

Ausgewählte Hofläden und Hofcafés zwischen Elbe und Weser

Viele Hofläden bieten nur während der Saison ihre Produkte an. Einige haben aber auch ganzjährig geöffnet und bieten auch ein besonderes weihnachtliches Sortiment. Eine kleine Auswahl dieser Hofläden findet sich hier (alphabetisch geordnet):

Barm's Bauernladen
Anke und Günter Lütjens
Mühlenstr. 5, 27386 Hemslingen
Tel. 04266 / 8425
Markt mit umfassendem Angebot, Gänse und Puten.

Beckmann, Gerd und Annegret
Hollernstraße 97
21723 Hollern-Twielenfleth
Tel. 04141 / 7220
www.altländerobsthof.de
Altländer Obsthof – Restaurant-Café, Obst der Saison, Hausgemachtes, ländliche Accessoires, Bauerngarten, Ferienwohnungen und Gästezimmer mit Frühstück. Besonderheiten: Obsthofführungen, Gruppenprogramme.

Biolandhof Fischer
Arenscher Str. 56
27476 Cuxhaven-Arensch
Tel. 04723 / 3201
„Lebensmittel vom Bio-Hof am Nordseedeich": Fleisch und Wurstwaren, Getreide, Kartoffeln, Obst, Gemüse, Eier, Milchprodukte und weitere Lebensmittel in reichlicher Auswahl.

Bioland Hof Meibohm
Lange Str.2, 21702 Ahrenswohlde
Tel. 04166 / 458
Direktvermarktung, Bioprodukte.
Besonderheit: Hofbäckerei.

Borstelmann, Heiner u. Anneliese
Speersort 185
21723 Hollern-Twielenfleth
Tel. 04141 / 70325 oder 792013
Fax. 04141 / 70893
Obst der Saison, Altländer Spezialitäten, Geschenkartikel.

Cafe im Schafstall
Am Büsenbach 35
21256 Handeloh-Wörme
Tel. 04187 / 1072
Kaffee und Kuchen, herzhafte Kleinigkeiten, Familienfeiern und andere Veranstaltungen bis 80 Personen. Besonderheit zur Weihnachtszeit: Weihnachtliche Geschichten am Kaminofen.

Der gemütliche Hofladen
Hella und Wolfgang Quast
Süderdeich West 44
21730 Balje
Tel. 04753 / 655
www.dergemütlichehofladen.de
Äpfel, Obst der Saison, Obstbrände, Brot und Apfelchips aus eigener Herstellung.
Besonderheit: Frühstücken oder Kaffeetrinken wie zu Omas Zeiten - auf Anmeldung.

Eylmanns Hofladen
Frauke Eylmann
Dornbuschermoor 11a
21706 Drochtersen
Tel. 04143 / 5310 oder 999833
Äpfel, Obst der Saison, Obstbäume, Hausgemachtes, Kochbücher und mehr.

Feindt, Jan-Hinrich und Lore
Westerjork 57
21635 Jork
Tel. 04162 / 7549
Fax. 04162 / 9651
www.hofladen-lore-feindt.de
Altländer Spezialitäten, Hausgemachtes, Wurst, Sanddornprodukte, Obsthofführungen, Kaffee und Kuchen. Besonderheit: Hochzeitssuppe unterm Apfelbaum (auf Anfrage).

„Forelle und Mehr"
Alles ist gut – Gut Deinster Mühle
Familie Steffens
Im Mühlenfeld 30
21717 Fredenbeck (Deinste)
Tel. 04149 / 925114
Forellen, Fischspezialitäten, Hofladen mit Eiern, Kartoffeln, Kochbüchern und mehr.
Besonderheit: Restaurant Deinster Mühle.

Gut Kuhla
Otto und Viktoria von Gruben
Kuhla 8
21709 Himmelpforten-Kuhla
Tel.: 04144 / 5801
Fax: 04144/ 3238
Spargel, Weihnachtsbäume, Dekoratives und Köstlichkeiten.
Besonderheit:
Hoffeste und Weihnachtsmarkt.
www.gutkuhla.de
gruben@gutkuhla.de

Hauschildt, Rolf und Kerstin
Westerladekop 1
21635 Jork
Tel. 04162 / 6439
www.obsthof-hauschildt.de
Obst der Saison, Geschenkartikel, Altländer Spezialitäten.

Herzapfelhof
Hein und Beate Lühs
Osterjork 102
21635 Jork
Tel. 04162 / 8954
Fax.04162 / 8160
www.herzapfelhof.de
Obstpräsente, Obst der Saison
Besonderheit: Herzäpfel und Herzapfelhof-Souveniers.

Hof Asendorf
Erich und Ilse Asendorf
Ortsstraße 1
28790 Schwanewede-Eggestedt
Tel. 04209 / 1663
Umfassendes Angebot, Fertiggerichte und Eingemachtes im Glas.

Hof Bösch
Hermann Bösch
Hörne
21730 Balje
Tel. 04753 / 841050
www.hofladen-boesch.de
Brot, Kuchen, Torten, Marmeladen, Fleisch- und Wurstwaren aus eigenem Betrieb, Obst, Gemüse aus der Region, Kochbücher und kleine Geschenke.

Hof Jan 16
Marlies Melloh
Dorfstr. 16
27726 Worpswede
Tel. 04792 / 2554
www.jan16.de
Selbstgemachte Marmelade, hausgemachte Wurst, Gesellschaften bis zu 60 Personen, Adventskränze.

Hofcafé Marschendeel
Annegret Reimers
Hundener Str. 21
21423 Winsen/Luhe (Drage)
Tel. 04179 / 7557839
Umfassendes Angebot , Sommer-
blumenfeld.
Besonderheit: Wechselnde Bilder-
ausstellung.

Hofladen
Gerd und Inge Moje
Ritscherstraße 7
21706 Drochtersen-Assel
Tel. 04148 / 1608
Obst und Gemüse der Saison,
Hausgemachtes und mehr.

Irmgards Terrassencafe
Irmgard Meinke
Ottendorf
21702 Ahlerstedt
Tel. 04166 / 287
www.irmgards-hofcafe.de
Torten, Kuchen, Buffet-Angebote
für Gruppen von 20 bis 80 Personen, Hofladen, Geflügel und
mehr. Besonderheiten: Kutsch-
fahrten, geführte Wandertouren
auf dem Napoleonsweg.

Obst vom Hof
Henning u. Heike Meyer
Leeswig 127
21635 Jork
Tel. 040 / 7458743
Fax.040 / 74527070
Obst und Gemüse der Saison,
Säfte und Konfitüren und mehr.
Besonderheit: Führungen durch
den Obsthof.

Obsthof Sumfleth
Hohenlucht 15
21734 Oederquart
Tel. 04753 / 841010
www.obstbau-sumfleth.de
Äpfel, Apfelsaft, Obstler, Obst-
hofführung, Verkostung rund um
den Apfel.
Besonderheit: Apfeldiplom.

Ramdohr, Henning
Hollernstr. 156
21723 Hollern-Twielenfleth
Tel. 04141 / 403054
Fax. 04141 / 70645
Obst der Saison, Hausgemachtes,
Spezialitäten, ländliche Acces-
soires, Präsentkörbe.

Schuback, Ulrike
Westerjork 81
21635 Jork
Tel. 04162 / 370
Fax. 04162 / 911004
www.obstparadies-jork.de
Obst der Saison, Hausgemachtes,
floristische Dekorationen für
verschiedene Anlässe.
Besonderheiten: Kunsthandwerk,
Bilder, Obsthofführungen,
Apfeldiplom, Kürbis- und
Apfelfest.

Barbara und Klaus Viets
Mienenbüttel, Bundesstr.3
21629 Neu Wulmstorf
Tel. 04168 / 1391
Obst der Saison, Hausgemachtes,
umfassendes Angebot.
Besonderheiten: schwedisches
Kunstgewerbe, Kochbücher.

Hermann Zeyn
Obsthof
Drager Str. 60
21423 Winsen/Luhe
Tel. 04179 / 364

Der Sprengel Stade
Evangelisch-lutherische Kirche im Elbe-Weser-Raum

Der Sprengel Stade ist mit rund 590.000 Kirchenmitgliedern in elf Kirchenkreisen einer der sechs Kirchenbezirke, aus denen die Ev.-luth. Landeskirche Hannovers besteht. Elbe und Weser bilden die natürliche Grenze dieser Region, die sich von Cuxhaven im Norden und Verden im Süden über Rotenburg im Osten und Bremerhaven im Westen erstreckt. Das Wort "Sprengel" leitet sich ab von dem Bezirk, in dem zu früheren Zeiten der Bischof das Weihwasser "sprengen", also segnen durfte. Zum Sprengel Stade gehören rund 200 Gemeinden.

In der evangelisch-lutherischen Kirche ist ein Sprengel der Amtsbezirk eines Landessuperintendenten, der als Regionalbischof seine Kirche in der Öffentlichkeit vertritt. Er ist Seelsorger der Geistlichen seines Sprengels und nimmt die Ordination junger Pastorinnen und Pastoren vor; er hat in allen Gemeinden das Kanzelrecht. Zu seinen kirchenleitenden Aufgaben gehören außerdem die alle sechs Jahre vorgesehenen Visitationen der Superintendenturgemeinden und Kirchenkreise sowie die Einberufung und die Leitung der Generalkonvente der Pastorinnen und Pastoren. Gemeinsam mit der Landesbischöfin und den anderen Landessuperintendenten nimmt er im Bischofsrat an der Leitung der Landeskirche teil.

Landessuperintendentur Sprengel Stade

Teichstraße 39, 21680 Stade
Tel: 04141/62121
Fax: 04141/609547
Email: Lasup.Stade@evlka.de
Internet : www.sprengel-stade.de
www.Landeskirche-Hannover.de

Öffentlichkeitsarbeit im Sprengel Stade

Hahler Weg 51, 21682 Stade
Tel: 04141/982312
Fax:04141/982311
Email:
Oeffentlichkeitsarbeit.Stade@evlka.de
Internet: www.sprengel-stade.de

Kirchenkreise im Sprengel Stade

Bremerhaven:

Superintendentur
Mushardstr. 4, 27570 Bremerhaven
Tel: 0471/31519
Fax: 0471/306882
Email: Sup.Bremerhaven@evlka.de
Internet:
www.kirchenkreis-bremerhaven.de

Bremervörde-Zeven:

Superintendentur
Kirchenstr. 10, 27432 Bremervörde
Tel: 04761/2383
Fax: 04761/70081
Email: sup@kkbz.de
Internet: www.kkbz.de

Buxtehude:

Superintendentur
Bollweg 15a, 21614 Buxtehude
Tel: 04161/747937
Fax: 04161/63483
Email sup.buxtehude@evlka.de
Internet:
www.kirchenkreis-buxtehude.de

Cuxhaven:

Superintendentur
Arno-Pötzsch-Platz 2, 27472 Cuxhaven
Tel: 04721/53391
Fax: 04721/53952
Email: sup.cuxhaven@evlka.de
Internet: www.kirche-cuxhaven.de

Land Hadeln:

Superintendentur
Claus-Meyn-Str. 1,
21781 Cadenberge
Tel: 04777/288
Fax: 04771/8672
Email: sup.land-hadeln@evlka.de

Osterholz-Scharmbeck:

Superintendentur
Kirchenstraße 9
27711 Osterholz-Scharmbeck
Tel: 04791/80650
Fax: 04791/80655
Email:
sup.osterholz-scharmbeck@evlka.de
Internet : www.kirchenkreis-osterholz.de

Katholische Kirche im Elbe-Weser-Raum

Rotenburg:

Superintendentur
Goethestr. 20,
27356 Rotenburg/Wümme
Tel: 04261/840884, Fax: 04261/840768
Email : sup.rotenburg@evlka.de
Internet: www.kirche-rotenburg.de

Stade:

Superintendentur
Ritterstraße 15, 21682 Stade
Tel: 04141-3311, Fax: 04141-45510
Email: sup.stade@evlka.de
Internet: www.kirchenkreis-stade.de

Verden:

Superintendentur
Strukturstraße 12, 27283 Verden
Tel: 04231/92610, Fax: 04231/926111
Email: sup.verden@evlka.de
Internet: www.verden-kirche.de

Wesermünde-Nord:

Superintendentur
Eichenhamm 14, 27632 Dorum
Tel: 04742-928110, Fax: 04742-928119
Email:sup.wesermuende-nord@evlka.de
Internet:
www.kirchenkreis-wem-nord.de

Wesermünde-Süd:

Superintendentur
Pfarrhof 3, 27616 Beverstedt
Tel: 04747/8844, Fax: 04747/8845
Email: sup.wesermuende-sued@evlka.de
Internet : www.wem-kirche.de

Rund 100.000 Katholikinnen und Katholiken leben im Raum zwischen Elbe und Weser. Sie stellen eine Minderheit in der Bevölkerung dar, leben in der so genannten Diaspora. Nur etwa 6 bis 9 Prozent der Menschen sind dort katholisch. Das hindert sie aber nicht daran, in selbstverständlicher ökumenischer Verbundenheit ein selbstbewusstes und weltoffenes katholisches Glaubens- und Gemeindeleben zu führen.

Dieser nordöstliche Teil Niedersachsens gehört zur Diözese Hildesheim, einer der flächenmäßig größten Bistümer Deutschlands. Das Bistum Hildesheim erstreckt sich von Cuxhaven im Norden bis Hann. Münden im Süden und von Verden im Westen bis zum Wendland im Osten.

Die insgesamt 27 Pfarrgemeinden werden zusammengefasst in vier Dekanaten: Bremerhaven, Bremen-Nord, Unterelbe und Verden. Die Stadt Bremen gehört zum Bistum Osnabrück.

Informationen über das Bistum und seine Pfarrgemeinden sind im Internet zu finden:

www.bistum-hildesheim.de

Dekanate zwischen Elbe und Weser:

Dekanat Bremen-Nord:

Herrn Dechant
Dr. Holger Baumgard
Grohner Markt 7
28759 Bremen
Tel: 0421-626040
E-Mail: pfarrbuero@heiligefamilie-grohn.de

Dekanat Verden:

Herrn Dechant
Siegmund Bulla
Sundernstr. 32
29664 Walsrode
Tel: 05161-5787
E-Mail: info@dekanat-verden.de

Dekanat Unterelbe:

Herrn Dechant
Johannes Pawellek
Sigebandstraße 7
21614 Buxtehude
Tel: 04161-81640
E-Mail: buero@dekanat-unterelbe.de

Dekanat Bremerhaven:

Herrn Dechant
Wigbert Schwarze
Eupener Str. 60
27576 Bremerhaven
Tel: 0471-3085990

Vertriebspartner:

Bildnachweis: Hans-Lothar Kordländer: Seite 11, 48, 49, 54/55, 66, 67, 86, 87, 142/143

Bert Hitzegrad: Seite 39

Martin Krarup: Seite 61, 92/93, 96u.

Wilfried Stief: Seite 81, 82, 83, 97, 112, 113o., 132

Otto von Gruben: Seite 144r.

Foto Seifert, Himmelpforten: Seite 74/75, 113

Original Nordmanntanne: Seite 60, 62u.

iStockphoto: Seite 65u., 115, 144, 137o.

www.zeno.org: Seite Seite 13, 63

Nikolaus Ruhl: alle anderen Bilder und Reproduktionen

Impressum

Herausgeber: MCE Verlag in Zusammenarbeit mit den Kirchen im Sprengel Stade
und dem Kreisverband der Landfrauenvereine Stade

Redaktion/Lektorat: Peter von Allwörden, Sonja Domröse (S. D.)

Illustrationen/Zeichnungen: Ursula Kirchberg

Umschlag- und Buchgestaltung: Nikolaus Ruhl

Druck: creaktiv print + more, Stade

Verlag: © 2008 MCE Verlagsgesellschaft mbH & Co.KG (Medien Contor Elbe), Sietwender
Straße 48, D-21706 Drochtersen,
www.mce-verlag.de, Tel. 04143/435
Sämtliche Rechte der Speicherung, Nachnutzung sowie Verbreitung sind vorbehalten.

ISBN: 978-3-938097-12-0